한국직업능력개발원 등록 제 2015-004182호

병원 목회 상담학

구종회 | 정희수 | 김준경
방영숙 | 이광재 | 본-보세 공저

도서출판 **한수**

Preface

병원목회 상담사의 시대적 소명

산업혁명을 겪으면서 인간에게 봉사하는 학문의 폭은 넓어지고 교육학, 사회복지학, 심리학, 간호학 등이 대학 교육으로 자리매김하면서 학문적 교류가 가능하게 되었다. 그 중 목회 현장에서 다양한 사람들에게 삶의 질적 서비스를 제공하는 실용학문으로 목회상담이 새롭게 등장하게 되었다.

의료기관 이용자들이나 환자들이 겪고 있는 다양한 문제를 해결하기 위한 서비스를 제공하기 위해 고도의 전문성이 요구되는 병원목회 상담사가 시대적 과제로 등장하게 되었다.

의료기관이란 대학부속 종합병원, 재활전문병원, 지역보건소, 정신보건센타, 전문정신병원, 아동 및 노인정신병원, 노인전문요양원 그리고 병·의원 등에서 의료서비스를 제공하는 곳을 말한다.

의료기관의 설립 목적은 기초의학 연구와 질병의 치료, 회복, 예방, 건강증진, 지역사회 중심의 보건의료 체계를 구축하는 데 있다. 그러나 병원의 규모나 설립 목적에 따라 병원 안에 목회가 자연스럽게 자리잡고 있으며, 우리나라의 경우에는 승려, 가톨릭 신부 및 수녀, 개신교 목회자 등으로 환자의 종교적 성향에 따라 상담서비스를 제공하고 있다.

여기에서는 병원목회 상담사의 기능과 역할을 논함에 있어 개신교로 제안하고 그 접근 방법 역시 성서에 기초하여 그 내용을 규명하고자 한다.

첫째, 의료기관(종합병원 규모)에서 서비스를 받고 있는 이용자들이 겪고 있는 문제는 다음과 같다.

(1) 질병의 특성상 만성적인 질병, 정신질환, 불치병, 희귀병을 앓고 있는 환자들은 장기적인 의료적 서비스가 불가피하므로 여러 가지 문제에 직면하게 된다.
(2) 장기적인 입원치료가 불가피한 경우에는 경제적 문제와 환자는 직업을 상실하게 됨에 따라 개인은 물론 가정의 위기를 경험하게 된다.
(3) 장기적인 입원치료가 계속 될 경우 배우자나 가족에게 복합적인 문제가 발생할 수 있으므로 의료적 서비스 외에 사회적, 정서적, 신앙적 도움이 절실하게 요청되고 있다.
(4) 최근 의학이 발달되고 생활환경이 개선되고 노인 문제가 심각하게 사회문제로 대두되면서 사회보장제도의 한계점을 보여주고 있다. 이에 어르신의 전인적 돌봄을 연구할 필요를 절감하고 있다.
(5) 사회보장제도로서는 다양한 의료 문제를 해결 하는데 한계가 있으므로 지역사회의 인적, 물적, 자원을 어떻게 조직하고 병원 시스템에 도입시켜야 할 것인가에 대한 방안이 요구되고 있다.

이러한 관점에서 병원 목회의 필요성이 대두되고 있다. 많은 전문 병원이 종교적인 이념에서 설립되었고, 따라서 환자의 전인적 진료에 영적인 문제를 전문적으로 지도하는 목회상담사의 기술이 요구되고 있다. 이러한 관점에서 목회상담사의 전문적 지식과 훈련, 그리고 교육방법을 현장 중심으로 연구하여야 한다.

둘째, 병원 중심의 목회상담사는 다음과 같은 기능과 역할이 요구되고 있으므로 이에 대한 연구가 병행되어야 한다.
(1) 병원목회 상담사는 디아코니아(sharing, caring, serving)정신으로 병원 이용자의 영적 안녕감을 다룰 수 있는 목회상담 기법을 연마해야 한다.
(2) 병원목회 상담사는 아동학대 받은 어린이, 성폭력, 가정폭력 피해자, 노인학대를 받고 있는 어르신들의 인권을 회복시키고 정신적, 영적 안녕감을 유지하여 건강한 시민으로 활동할 수 있도록 안내자와 상담자의 역할이 요구되고 있다.

Preface

(3) 병원목회 상담사는 특수한 환자(암투병 환자, 만성질환자, 만성정신병자, 중증장애인, 홈리스환자, 희귀질환자 등)들을 다룰 수 있는 사례관리 기법을 학습 훈련받아 전인적 돌봄을 팀웍 전문가와 함께 제공할 수 있어야 한다.

(4) 병원목회 상담사는 만성적 질병으로 장기적인 병원생활을 하는 환자에게 개인적 문제와 가족들의 신앙적 상담을 통하여 가정을 돌보는 가족 목회상담의 질적 서비스를 제공할 수 있어야 한다.

(5) 병원목회 상담사는 각종 의료기관의 설립 정신과 목표가 웰빙을 추구할 수 있도록 종교기관과 지역의 연계를 통하여 자원을 공유하고 활용할 수 있는 방안을 모색해야 한다. 이러한 의미에서 사회복지사와 협력체계를 구축할 필요가 있다.

(6) 병원목회 상담사는 특수 목회자로서 시대가 요구하는 소명 의식을 갖고 인간이 하나님의 형상(Image of God)으로 회복되도록 인간에게 봉사하는 최고의 전문 직업임을 자부해야 할 가치가 있다.

(7) 병원목회 상담사는 가능한 종파와 이념을 초월하여 오직 하나님을 섬기고 성서(누가복음 4:18-19 '가난한 자에게 복음을 전하게 하시려고 내게 기름을 부으시고 나를 보내사 포로된 자에게 자유를 눈먼 자에게 다시 보게 함을 전파하며 눌린 자를 자유케 하고 주의 은혜의 해를 전파하게 하려 하심이라 하였더라')에 근거하여 전 생애에 십자가의 의미를 실천해야 한다.

NO Cross, NO Crown.

2016년 새해아침

대표저자 벤처사회복지경영 연구원 **구 종 회**

Chapter 1   벤처사회복지상담실천모델

1. 시작하는 말 ·· 10
2. 벤처사회복지상담의 필요성 ·· 10
3. 사회복지실천에서의 상담과 심리치료 ·· 11
4. 심리학의 3대 주요 이론과 상담모델 ·· 14
5. 벤처사회복지상담지도자의 교육과 훈련 ···································· 40

Chapter 2   정의와 평화: 종교인의 갈등과 화해 / 45

Chapter 3   NLP Coaching

1. 코칭이란? ·· 78
2. NLP란 무엇인가? ·· 82
3. 무의식의 기본 원리 ··· 87
4. NLP 기법 ·· 94

Contents

Chapter 4 의료사회산업의 역할과 기능

1. 의료사회사업의 필요성 ··· 116
2. 의료사회사업의 개념 ··· 118
3. 의료사회사업의 제도적 근거 ································· 123
4. 의료사회사업활동의 인정수가 ································ 126
5. 의료사회사업의 역할과 기능 ································· 128
6. 의료사회사업 현장에서의 직무 ······························ 137

Chapter 5 자기성장과 에너지 관리

1. 자기 성장 ··· 150
2. 에너지 관리 ·· 153
3. 행복한 삶과 영성 ··· 160

Chapter 6 독일의 병원목회상담과 디아코니아 실천

1. 병원 목회상담 ··· 174
2. 독일에서의 디아코니아 실천 ································· 180

Chapter 1

벤처사회복지상담 실천모델

구종회: 상담심리학 박사/
동방문화대학원대학교 석좌교수

1. 시작하는 말

전통적으로 미국의 사회복지실천의 맥락은 케이스워크 → 이상사회사업(의료·재활·정신과 사회사업 등) → 통합 사회사업 → 일반론적 사회사업실천 → 케이스매니지먼트 등으로 발전되어 왔다. 미국 사회사업역사에서 반세기는 주로 케이스워크 중심의 사회사업으로써 질병 모델을 사용해 왔다. 사회사업대상의 클라이언트를 질병을 가진 사람으로 보고 정신의학과 임상심리학의 기법을 원용해 왔다. 그러나 1960년대 들어서면서 사회체계이론-일반체계이론-생태체계이론의 영향을 받아 연구의 초점을 질병모델에서 생활모델로 변형시키면서 인간의 심리사회적 영역에서 사회기능적 영역으로 변화되었다.

그러나 여전히 임상사회사업 실천영역에서는 심리학의 공헌이 컸다. 특히 심리학 분야에서 고전적인 정신분석 심리학과 신 정신분석학 이론은 미국사회사업 초창기의 케이스워크 발전에 지대한 공헌을 해왔다. 그 후 행동주의 심리학 이론이 응용되면서 정신질환, 장애인, 노인, 아동에 이르기까지 임상사회사업실천 영역에서 폭넓게 사용되어 왔다. 1960년대 이후 사회사업학자들의 자성적 비판과 학문의 체계가 변형되면서 사회사업통합방법과 체계적 접근 등의 각광을 받게 되었다.

2. 벤처사회복지상담의 필요성

최근 기업을 중심으로 벤처라는 용어가 보편화되었다. 벤처는 실험적이고, 모험적인 의미를 내포하고 있으며, 급변하는 학문의 세계와 국제시장에 새로운 대처능력을 실험해 보는 것이 벤처의 개념으로 해석할 수 있다.

미국의 전문사회사업 실천영역에서 오랫동안 응용되어 온 이론이 정신의학과 심리학의 이론임은 명약관화(明若觀火)한 것이다. 그러나 한국사회복지실천현장에서는 심리학의 이론 응용보다는 일반체계이론에 근거한 사회사업실천에 머무르고 있다. 이러한 현상은 임상사호사업을 도외시하거나 클라이언트를 깊이 있게 이해하는 데 한계를 드러내는 오류를 범할 수 있다.

일반체계이론이나 생태체계이론에 근거한 케이스매니지먼트 또는 사례관리 등은 클라이언트의 다양하고 복잡한 문제를 관리하는 데 한계를 느끼는 것은 당연하다고 볼 수 있다. 한국사회복지지실천현장의 큰 축은 시설중심의 사회복지현장, 소그룹 중심의 지역사회 기반을 둔 시설복지, 그리고 지역사회의 인적·물적 자원을 기초로 한 종합사회복지관 (특성화된 복지관) 등으로 구분할 수 있다. 그러나 이와 같은 세 가지 형의 실천모델서비스 대상자들은 여전히 상관관계를 맺고 있으며, 질적이고 전문적 서비스가 요청되고 있다.

이러한 상황을 고려해 보면 한국사회가 급변해 오면서 예기치 못한 사회문제와 개인의 인격적 특성은 사회학과 심리학의 응용을 더욱 절실하게 요구하게 되었다고 볼 수 있다. 최근 우리나라의 사회복지는 전문가 중심보다는 모든 사람이 사회복지 교육을 요구하고 있으며, 누구나 실천할 수 있는 가능성을 열어 놓고 있는 것이 사회적 인식이다. 그러나 전문사회복지단체는 이에 대한 대응책이 미흡한 현실이다.

벤처사회복지상담학의 새로운 시도는 전통적인 미국사회사업실천모델을 재현하기보다는 한국의 주된 클라이언트 대상인 개인과 가정, 집단의 특수한 대상자를 새롭게 접근해 보는 시도에서 출발하고자 한다.

3. 사회복지실천에서의 상담과 심리치료

사회복지실천의 일반적 맥락은 크게 임상적 접근(사회사업실천·사회사업상담)과 사회복지정책적 접근으로 분류할 수 있다. 또 다른 분류로써 프리들랜더와 아페(Friedlander·Apte, 1980)는 직접적 서비스(dorect services in social work) → 간접적 서비스(indirect services in social work) → 지원적 서비스(Support services in social work)로 사회사업 5대 방법론을 나누고 있다. 그리고 세퍼 호레이시(Sheafor·Horejsi, 1997)는 3가지 모형인 미시적 접근(micro), 중도적 접근과 집단, 지역사회를 구분하고 있고, 접근방법은 사회복지실천·사회복지실천기술론·지역사회복지·사회복지행정·사회복지조사·사회복지정책 등의 학문적 특수성을 구분한 것에 불과하다.

사회사업학·사회복지학의 학문적 특성을 요약하면 다음과 같은 의미를 포함하고 있다.

- 인간에게 봉사하는 전문적 속성이 두드러지게 나타나고 있다.
- 자원체계(공적자원체계·민간자원체계·사회적자원체계)를 조직 구축하고 활용가능성을 찾는 데 의미를 두고 있다.
- 이웃과 근린지역 지역에 기초하여 지역사회를 중심으로 사회복지실천을 전개하는 데 중점을 두고 있다.
- 가족의 기능과 구조를 분석하고 실생활에 필요한 정보·상담·심리치료를 통하여 가족해체를 예방하고 기능을 강화하는 데 역점을 두고 있다.
- 이러한 기능을 수행하기 위해 인간에게 봉사하는 다양한 학문의 이론과 실천 프로그램을 응용하는 종합 과학적 특성과 예술성을 내포하고 있다.

사회사업실천과 상담심리학의 기능을 비교 설명하기 위하여 사회사업통합전문가인 핀커스와 미나한(Pincus·Minahan, 1973)의 이론과 크리스티아니(Cristiani, 1981)의 상담의 주요한 5가지 목표를 소개함으로써 사회복지실천과 상담심리학이 공통요소를 찾는 데 의미를 두고자 한다.

【표-1】의 비교에서 공통점은 클라이언트의 문제를 규명하고, 인격적 도움으로써 바람직한 사고와 행동, 감정의 변화를 주도하는 데 사회사업실천과 상담심리학의 공통점으로 찾아볼 수 있다. 또한 상이점은 사회사업실천에서는 환경 안에서의 클라이언트를 강조하고, 가용자원을 연계시키고, 활용하며 사회정책을 유도하는 진보적 개념이 포함되어 있다. 반면 상담심리학은 카운슬러와 클라이언트와의 인간관계를 중시하고 있다. 또한 클라이언트의 내면적 세계를 분석하고 통찰력을 증진시키는 데 역점을 두고 있다.

【표-1】 사회사업실천과 상담심리학의 기능비교

구분	핀커스와 미나한(Pincus·Minahan)	크리스티아니(Cristiani)
1	사람들의 문제해결과 처리능력을 향상시키고, 더욱 효과적으로 이용할 수 있도록 돕는다.	인간의 행동변화를 촉진시킨다.
2	사람들과 자원체계들 사이에 최초의 연계를 수립한다.	인간관계의 유지와 발전을 위한 클라이언트의 능력을 향상시키는 데 역점을 둔다.

구분	핀커스와 미나한(Pincus·Minahan)	크리스티아니(Cristiani)
3	사람들과 자원체계들 사이의 상화작용을 촉진시키며, 관계를 수정하고 수립한다.	클라이언트의 수행능력을 효율적으로 향상시킨다.
4	자원체계 내 사람들 사이의 상호작용을 촉진시키며 관계를 수정하고 수립한다.	클라이언트의 자기결정권을 증진시킨다.
5	사회정책의 개발과 수정에 기여한다.	클라이언트의 잠재력을 개발하고, 촉진시키는 데 목적이 있다.
6	물질적 자원을 분배하고, 사회통제의 매개인 역할을 수행한다.	결론적으로 클라이언트의 바람직하지 못한 사고나 생각·행동, 그리고 감정을 바람직한 방향으로 변화·성장시킨다.

사회사업학과 상담심리학의 특성과 관계를 규명하기 위하여 상담과 심리치료를 【그림-1】과 같이 비교하고자 한다.

【그림-1】 상담과 심리치료

【그림-1】에서 상담과 심리치료의 개념설명에서 상담학(guidance & counseling)과 심리치료(psychotherapy)로 구분한다.

첫째, 이념적 시각에서 보면 지도 안내는 교육적 이념에서 출발되고, 상담은 철학적·종교적 이념에 뿌리를 두고 있으며, 심리치료는 전문적·예술적 속성이 강하다. 따라서 전문적 자격증을 요구하고 있다.

둘째, 문제 진행과정에서 지도안내의 중요한 관점은 올바른 정보를 제공해 주는 것이 의미가 있다. 이 과정에서 정보제공이 과학적 근거가 불분명할 경우에 교육대상자는 당황하고, 부적응현상을 표출하게 된다.

셋째, 상담의 중요한 관점은 문제 진행과정에서 지도 안내가 부족하게 되면 부적응현상을 경험하게 된다. 다음 단계에서 위기를 경험하게 되는 클라이언트에게 상담자는 확고한 신념과 철학적 자세로 상담에 임해야 한다. 이 위기 과정을 올바르게 극복하지 못하면 또 다른 문제를 야기하게 되며 인성적 결핍을 경험하게 된다.

넷째, 심리치료 단계로 상담의 과정에서 오류를 범하게 되면 클라이언트는 정신병적 증세를 나타나게 된다. 예를 들어 불안, 수면장애, 공포심리 등으로 노이로세 증세나 정신분열증 반응을 보이며 정신의학적, 심리치료를 받게 된다. 물론 초기에는 외래 진료로 가능하나 문제의 심각성에 따라 가족과 직장을 격리하여 입원치료나 약물요법, 심리분석, 직업치료, 영적 상담 등의 종합적인 치료적 서비스가 요구된다.

결론적으로 상담학은 인간에게 봉사하는 전문가, 예를 들어 목회자, 의사, 변호사, 사회복지사, 경찰직, 교사 등의 다양한 전문가가 활용하고 있으며 기법의 원용에서 지도안내(guidance) → 상담(counseling) → 심리치료(psychotherapy)의 기본이념과 자격기준, 기술의 적용 등을 올바르게 해석하고, 서비스를 제공하여야 한다.

4. 심리학의 3대 주요 이론과 상담모델

전통적으로 심리학의 3대 주류는 프로이드를 중심으로 정신분석학 심리학, 행동주의 심리학, 실존주의 심리학(제3의 세력이 심리학) 등으로 구분하고 있다. 사회사업실천현장에서 클라이언트의 문제의 성격과 특성에 따라 사회복지사는 심리학 이론을 접목시키고, 이에 대한 계획과 사정, 실천, 평가 등을 실시하게 된다. 여기에서 3대 심리학의 실천모델을 제공하는 것은 수혜 대상자인 클라이언트에게 적용하는 것이 일차적 목적이나, 서비스를 제공하는 사회복지사가 전문가로서의 위치를 확고하게 하기 위하여 3가지 실천모델에 자기 자신을 분석하고, 자기의 문제와 잠재능력을 해석하는 데 이 자료가 활용되기를 기대한다. 사회복지상담의 3가지 실천모델은 다음과 같다.

(1) 정신분석학과 아동기의 추억과 경험의 탐색

여기 제시하는 문제를 통하여 귀하는 자신의 과거 경험을 묘사하게 될 것입니다. 다음의 네 가지 입문 과제는 어떤 특정한 성격발달이론과는 관련이 없지만, 당신의 중요한 과거 경험들에 대한 인식을 증진시키기 위한 중요한 내용입니다.

개인의 과거는 귀하의 성격형성에 지울 수 없는 도장을 찍는 것은 아닙니다. 다만 당신이 누구인가에 관한 중요한 부분이 이해됩니다. 대부분의 성격 이론가들은 이 초기 경험들이 발달에 어떻게 영향을 미치는가에 관해서는 견해가 서로 다르기는 하지만, 성격의 발달에서 과거 경험이 중요함을 강조하고 있습니다.

다음의 과제들은 당신의 현재 발달의 뿌리들을 탐색하는 데 도움이 될 것입니다. 당신의 초기 발달이 진행되었던 물리적 및 정서적 환경을 재구성해 봄으로써 새로운 의미를 재발견하게 될 것입니다. 특히 정신분석학의 창시자인 프로이드(Sigmund Freud, 1856~1939)는 인간의 인성결정에 있어서 태어나서부터 7세까지를 중요한 시기라고 보았으며, 인간의 과거 경험이 한 개인의 성장에 중요한 변수로 해석했음을 알 수 있습니다.

1) 인간성장의 초기 기억들

초기 기억들은 여러 성격 이론가들에게 있어서 중요합니다. 이 과제는 당신이 아주 어렸을 때에 기억들을 얼마간 기록하게 해 줄 것인데, 나중의 과제들을 할 때 참조할 필요가 있을 것입니다.

- 초기 기억 찾아내기

(1) 편안한 자세로 자리를 잡으십시오, 눈을 감고 얼마간 조용한 시간을 가지십시오, 가장 초기의 기억들, 가능한 유치원 또는 초등학교 입학 전의 기억들을 네 가지 섞어 보십시오, (입학 첫날도 기억할 수 있다면 중요한 기억이 됩니다.)

기억들을 적을 때, 무슨 일이 있었는지 뿐만 아니라 그 사건에 관하여 어떻게 생각하였으며, 어떠한 감정이 있었는지를 상세하게 적으십시오.(각 기억에 중요한 항목별로 우선순위를 번호로 매기십시오.)

나의 가장 초기 기억들은 다음과 같다. (가장 기억에 남는 것을 순서대로 3~4개 선택해서 기록하십시오.)

첫째, _____
_____

둘째, _____
_____

셋째, _____
_____

넷째, _____
_____

(2) 이 초기 기억들이 귀하의 현재 성격형성에 관하여 무엇인가를 시사해 주고 있습니까?

다른 사람들과 어떤 관계였는지, 환경에 대해 어떻게 지각하고 관련지었는지 (능동적으로 혹은 수동적으로), 새로운 상황에 접근하였는지, 그리고 스스로에 관하여 어떻게 느꼈는지를 곰곰이 생각해 보십시오.

각각의 초기 기억에 대한 당신의 관찰, 연상 및 해석을 기록하십시오. (1)에서 기록한 기억들과 대응되도록 우선순위의 번호를 매기십시오, 기억들을 해석하면서 또한 되풀이되는 주제들과 통합되는 전후관계들을 살펴보고자 노력하게 될 것입니다.

앞에서 열거한 중요한 사건들, 관찰한 내용, 현상 및 해석 등을 기록해 보십시오, (가장 중요한 사건 순서대로 기록하십시오.)

첫째, _____
_____

둘째, _____
_____

셋째, _____
_____

넷째, _____
_____

(3) 네 가지 초기 기억들에서 어떤 통합되는 주제들이 있는지를 발견하십시오.
(공통적인 생각, 행동, 그리고 감정 등: 즐거웠다, 불안했다, 초조했다, 오랫동안 기억하고 싶다, 기억하고 싶지 않은 사건이다 등등)

첫째, _____
_____

둘째, _____
_____

셋째, _____
_____

2) 집 평면도 그리기와 탐색여행

- 집 평면도 그리기

(1) 다음 페이지에서 열 살 이전에 당신에게 가장 중요했던, 당신이 살았던 집의 평면도를 그려 보십시오. 그러고 난 다음에 조용히 앉아서 각 방의 광경, 소리 및 냄새를 되찾도록 노력해 보십시오. 각 방과 관계된 경험들과 느낌들을 되찾도록 노력해 보십시오.

【그림-2】 우리 집 평면도 그리기

(2) 어린 시절에 내가 살았던 집에서 누구와 함께 살았습니까? (가족들의 구성원을 구체적으로 적어 보십시오.)

(3) 가족 중에서 가장 대화를 자주 했던 사람은 누구이며, 어떤 내용이었습니까? (내 이야기를 잘 들어주고 지지해 주었던 가족)
    ① 가장 대화를 잘 했던 가족? _____
    ② 어떤 내용이었는지? _____
    _____

(4) 가족 중에서 관계가 가장 어렵고 왜 관계가 곤란하였는지를 생각해 보십시오.
    ① 관계가 곤란한 가족? _____
    ② 왜 관계가 곤란한가? _____

(5) 내가 살았던 집 구조에서 가장 좋아한 장소는 어디였습니까?
    왜 좋아하였다고 생각하고 있습니까?

(6) 내가 살았던 집 구조에서 비밀스런 장소는 어디였습니까? 당신에게 중요하였던 그곳에서 누구와 함께 또는 혼자서 무엇을 하였습니까?

(7) 내가 살았던 구조에서 가장 불쾌하거나 불편하게 기억되는 방이나 장소는 어디였습니까? 왜 그랬습니까?

(8) 내가 살았던 집에서 중요한 분위기를 느낄 수 있는 환경은 무엇이었습니까?

(9) 이 집에서 살고 있었던 동안 가장 중요한 경험은 무엇이었습니까? 이 경험은 얼마나 뜻 깊은 것이었습니까? 바꾸어 말하면 그것으로부터 무엇을 배웠습니까? 그것은 당신의 발달에 어떤 영향을 미쳤습니까?
    ① _____

② _____
③ _____
④ _____

3) 초기 기억을 함께 나누기: 안내 여행

> • 집 평면도를 그리고, 그것을 사적으로 탐구해 보고 난 뒤에 교실에서 파트너를 고르십시오. 그리고 당신이 편안하게 느끼는 될 수 있는 한 많은 느낌들과 연상들을 공유하면서 그를 데리고 당신의 집에서 당신의 경험이 어떠했는지에 대해 파트너가 '느낌'을 가지는 그러한 방식으로 당신의 집을 묘사하십시오. 당신이 끝나면, 당신의 파트너가 당신을 그의 집으로 데리고 여행을 갈 수 있도록 해 보십시오. (교실에서 이 과제를 하기에 적당하지 않으면, 교실 밖에서 자유롭게 초기기억을 함께 나누는 여행프로그램을 경험하십시오.) 학습 파트너와 초기기억을 함께 나누는 프로그램을 통하여 상호이해를 촉진시키고, 상대편의 학습지에 초기기억에서 나누었던 이야기식의 사건들을 기록하고 그 기록의 신빙성에 관하여 상호의견을 교환하십시오.

(1) 상대편의 집 평면도를 보고 의문점이나 궁금한 점이 있으면 질문하고 응답 내용을 기록하십시오.

(2) 자기의 어린 시절에 경험했던 집안 분위기와 상대편이 경험했던 집안 분위기에 대하여 의견을 나누고 차별성과 공통점을 찾아보십시오.

(3) 집 평면도에서 밝혀진 상대편의 중요한 사건이나 신비로운 점을 발견하고 대화를 나누십시오.

4) 가족과의 식사시간: 갈등의 경험과 화해의 시간

> 대부분의 가족들은 식사시간에 함께 모입니다. 경험, 대화 및 가족 상호작용을 공유하는 시간인 것입니다. 식탁은 함께 하기에 갈등 모두의 중심이 됩니다. 그리고 흔히 거기서 일어나는 상호작용에서 가족 관계의 역동성이 나타나게 됩니다.
> 가족과 식사시간 때의 초기 경험에 관하여 생각해 보십시오. 주된 분위기는 무엇이었습니까? 가족과 상호작용 동안의 느낌과 지각들에 대하여 생각해 보십시오. 특별한 장면들과 대화들을 회상하도록 해 보십시오. 이 느낌들과 지각들을 기술하고, 이 식사시간 경험들에 대한 개인적인 영향을 짤막하게 논의해 보십시오.(가능한 학생 2~3명을 선택하여 질문형식으로 가족과의 식사시간을 알아보고 응답자는 갈등과 화해의 경험을 인지하고 있는지를 확인하십시오.)

5) 문제풀이를 경험하고 난 느낌 정리하기

(1) 이 입문 과제들을 하고 난 후에 스스로에 관하여 알게 된 몇 가지 중요한 사실은 무엇입니까?

① 사고의 변화 _____
_____

② 행동의 변화 _____
_____

③ 감정의 변화 _____
_____

(2) 가장 가치 있는 과제는 어느 것이었습니까? 왜 그렇습니까?
_____
_____
_____

(2) 반두라의 행동주의를 통한 자기 이해

1) 관찰과 모델링을 통한 학습

반두라(Bandura, 1925)에 의하면 대부분의 인간 행동은 즉각적으로 뒤따르는 처벌과 강화(조작적 조건형성)의 단순한 결과가 아닙니다. 오히려 인간 행동은 관찰학습과 모델링(Observalion learning and modeling)의 복잡한 과정을 통하여 발달됨을 확인하였습니다.

반두라는 이 학습과정과 우리 자신의 행동을 수정하는 데 있어서 인지 기술에 중요성을 두었습니다. 그러므로 우리는 관찰 학습을 통하여 어떤 결과를 이야기할 수 있고 상징화할 수 있다고 보았습니다.

학습 이론가로서 반두라는 강화 원리에 여전히 충실하였지만, 그는 우리의 행동을 안내해 주는 많은 기대들이 다른 사람의 행위와 그 행위가 일으키는 결과들을 관찰함으로써 간접적으로 학습된다고 생각하였습니다.

▶ 연습문제 1

귀하가 생각하기에 당신이 관찰 학습이나 모델링을 통하여 획득하였거나 발달시켰던 주요 기술이나 성격 특징들을 확인해 보고 논의해 보십시오. 이 학습에서 당신에게 영향을 미쳤던 상황들이나 개인들을 구체적으로 생각해 보십시오.

▶ 연습문제 2

(1) 사회적 학습 이론은 감정표현 - 양식들이 관찰 학습이나 모델링의 결과로 발달할 수 있다고 주장합니다. 가족 내에서 감정표현과 행동의 두 가지 중요한 영역은 분노와 사랑입니다.
당신의 부모님들이 이 감정들을 표현한 특정 방식들을 논의해 보십시오. 예를 들면, 그분들은 부부싸움에서 어떠한 언어와 행동을 표현했습니까? 그리고 가족관계에서 접촉하거나 꼭 껴안는 등의 사랑의 표현을 하였습니까? 또한 본인 역시 이러한 방법으로 인간관계나 사랑의 표현을 나타내고 있습니까?

(2) 나 자신의 분노나 사랑 표현 방식을 생각해 보면, 귀하의 표현 행동 발달을 사회적 학

습 이론이 설명해 주고 있다고 생각하는지를 논의해 보십시오.

연습문제 3

(1) 반두라의 연구는 TV가 아동에게 관찰 학습이나 모델링의 중요한 원천이라고 지적했습니다. 아동이었을 때 당신이 좋아한 TV 프로그램을 두 가지 들어본다면 무엇입니까? 이들 프로그램 각각에서 당신이 동일시한 인기 있는 인물 혹은 비슷한 성격이 있습니까?

(2) 당신의 태도나 행동은 어쨌든 모델링을 통한 학습이라고 지적할 수 있는 이들 프로그램으로 영향을 받았습니까? (긍정적 반응인지 또는 부정적 반응인지를 설명하십시오.)

2) 나 자신의 강화하기

반두라는 행동 통제와 수정에서 부가적인 강화 원천을 인정하였습니다. 이것은 한 사람의 성취 기준이 실현되고 난 뒤에 자기 스스로 일으키는 강화인 것입니다. 다시 말하면, 우리는 흔히 우리 자신의 유인가를 선택하고 만들어 내며 Skinner가 주장한 바와 같이 외부 보상이나 처벌에 단순히 기계적인 방식으로 반응하지는 않는다는 사실을 발견하였습니다.

연습문제 1

자신의 행동을 통제하였거나 또는 조절하였던 자기 강화의 예를 두 가지만 들어 보십시오.

연습문제 2

각 예에서 행동을 규명하고 그 행동이 당신에게 초래한 자기 평가 반응을 기록해 보십시오.

3) 자기 관리: 자신이 행동을 통제하기

반두라의 이론적인 업적 중에서 유명한 응용들은 우리가 우리 자신의 행동을 통제하고 변경시킬 수 있도록 개발되었던 기법들입니다. 자기 영향에 대한 능력은 자기 지시(관리)를 촉진하는 일입니다. 이것은 일차적으로 자신의 행동을 평가하고, 방해가 되는 환경 요인들을 제거하거나 변경하며, 또한 바람직한 행동을 위한 긍정적인 유인가에 대한 건전한 개인적 계획을 수립함으로써 구체적으로 이루어지게 됩니다. 자기관리프로그램(Self-management program)에서의 세 요소들은 반두라의 상호 결정론 원리를 제시해 주고 있습니다. 즉, 내부 및 외부 통제 모두의 통합을 말하고 있습니다.

윌리암스와 롱(Williams & Long)은 그들의 저서 『자기관리 생활양식에 관하여(Toward a Self-managed Life style, 1979, pp. 25~26)』에서 자기관리 프로그램을 소개하는 다섯 가지 주요 단계를 설명해 주고 있습니다. 이 연습장에서 제시된 자기관리 프로그램을 착수하기 전에, 윌리암스와 롱의 주장에 친숙해지는 것이 도움이 될 것입니다. 이들의 자기 관리 프로그램의 다섯 단계는 다음과 같이 요약됩니다.

(1) 첫번째 단계(목표 선택하기: Selecting a goal): 이것은 결정적인 단계입니다. 당신의 목표는 당신에게 중요하여야 합니다. 당신은 행동을 변화시키기 위하여 고도로 동기화될 필요가 있습니다. 그렇지 않으면 어떤 기법도 효력이 없을 것입니다. 당신은 또한 목표를 설정하고 행동을 확인하십시오. 그리고 기록하는 능력과 같은 측정 가능한 행동 용어로 바꿀 수 있어야 할 것입니다. 예를 들면, 당신이 담배를 끊기를 원한다면, 목표는 즉시 확인될 수 있고, 경과는 매일 혹은 매주 줄인 담배 개비 수로 측정될 수 있을 것입니다.

(2) 두번째 단계(당신의 목표행동을 모니터하기: Monitoring your target behavior): 행동목표를 모니터하기 위한 경과 측정에서 기저선 준거점을 세우기 위하여 어떤 기간 동안 현재의 행동에 대한 정확한 기록을 하는 것(현재 하루에 피우는 담배 개비 수, 하루에 공부하는 시간 등)이 중요합니다. 프로그램 전반에 소요되는 경과에 대한 주의 깊은 기록을 또한 하여야 합니다. 원치 않은 행동에 기여한 환경요인들에 대한 기록이 또한 중요합니다. 왜냐하면 당신은 이 요인들의 행동변화를 바꾸고자 원할 것이기 때문입니다.

(3) 세번째 단계(상황 바꾸기: Changing setting) : 당신은 바람직하지 않은 행동을 고무한 상황들(situation)을 통제하기 위하여 당신의 환경 측면들을 변경할 필요가 있을 것입니다. 예를 들면, 갓 구워 낸 쿠키와 도넛의 맛있는 냄새가 나는 제과점을 회피하는 것은 고칼로리 섭취를 고무하는 상황(setting)을 통제하는 것입니다.

(4) 네번째 단계(효과적인 결과 수립하기: Establishing effective consequences) : 이제 우리는 반두라의 주요 원리들 중의 한 원리에 이르렀습니다. 즉, 자기 유인가를 통한 행동 통제와 관리입니다. 이것은 당신의 바람직한 행동에 대한 보상에 관련된 계획의 기교와 고학을 경험하는 단계입니다. 당신의 계획이 실제로 당신을 동기화시키고 보상을 주는 유인가를 포함해야만 한다는 것은 자명한 일입니다.

(5) 정리 단계(얻은 것을 견고하게 하기: Consolidating gains) : 이 마지막 단계에는 바람직한 행동이 자동적으로 기능하도록 스스로 지지해야 합니다. 당신의 많은 인위적인 지지 필요를 점차 그만두고, 그것 자체의 만족스러운 결과를 제공하는 것이 포함됩니다. 윌리암스와 롱이 주장한 대로, 점차 이 수준에 이르도록 노력하십시오. 그러면 가능한 한 당신의 행동을 긍정적으로 변화시키는 데 견고하게 자리매김을 하게 될 것입니다.

연습문제

이 과제는 반두라의 상호 결정론의 몇 가지 중요한 측면들을 직접 경험하게 하는 것뿐만 아니라, 스스로를 더욱 신뢰할 수 있도록 자기 관리 프로그램을 계획하고 이행하도록 하는 것입니다. 당신이 바꾸고 싶어 할 수도 있는 현재 생활의 한 측면은 당신의 공부 행동입니다. 윌리암스와 롱이 제시한 단계들을 따라, 당신의 공부 습관에 대한 자기 관리 변경 계획을 세워 보십시오.(당신의 학습 및 연구행동이 만족스럽다면 흡연의 관리와 같은 다른 바람직하지 못한 습관이나 행동을 선택해 보십시오.)

• 행동변화를 위하여 유의해야 할 몇 가지 내용
  가. 가능한 한 구체적이고 명확하게 목표를 확인하십시오. 공부 습관이나 행동양식에 관하

여 바꾸기를 원하는 것은 구체적으로 무엇입니까?

예를 들면,

① 매일의 공부시간 길이를 늘이기를 원합니까?

② 각 전공과목별 공부시간 길이를 늘이기를 원합니까?

③ 학습 및 연구의 방해를 줄이기를 원합니까?

④ 혹은 또 다른 무엇을 원하고 있습니까?

나. 공부하는 정확한 시간과 정확한 학습 연구 조건을 포함하여 현재의 습관(또는 흡연 습과, 또는 무엇이든지)에 관해 일주일 동안 일어났던 사건들을 구체적으로 기록하십시오.

다. 비효율적인 공부 습관에 기여한 상황들을 변경하십시오. 예를 들면, 당신의 방에서 공부하기보다는 매일 저녁 도서관에 갈 수도 있습니다.

라. 일단 환경을 변경시켰고 합리적인 공부 계획을 세웠다면, 그 계획에 매력적인 유인가를 도입하십시오. 바람직한 연구 학습 행동을 성공적으로 끝낸 다음에 어떤 보상을 주는 경험을 짜 맞추어 넣으십시오.

마. 당신의 새로운 연구학습 행동을 '제2의 천성'이 될 때까지 그리고 당신의 이전 행동이 그랬던 것처럼 습관적으로 될 때까지 이 계획을 지속적으로 관리 운영하십시오.

4) 강조점

프로그램 전반을 통하여 경과를 기록하십시오. 당신은 기저선 자료를 기록하기 위하여 '기저선 연구학습행동(Base-Line Study Behavior)' 도표를 사용할 수 있습니다.

당신의 계획을 시작하기 전에 다음 항목들을 고찰해 보고 응답해 보십시오.

(1) 나의 현재 공부 행동(흡연 행동 등)에 대한 객관적 분석

(2) 나의 공부 행동을 변경하기 위한 계획의 구체적인 목표들

(3) 나에게 필요한 환경 변화

(4) 나의 개선된 공부 행동을 보상하기 위한 유인가 계획
(당신의 보상체계를 효과적인 강화 원리에 따르도록 실천하십시오.)

【표-2】 기저선 행동 연구 학습 행동 계획안

오전 7 : 00시	오후 4 : 00시
오전 8 : 00시	오후 5 : 00시
오전 9 : 00시	오후 6 : 00시
오전 10 : 00시	오후 7 : 00시
오전 11 : 00시	오후 8 : 00시
오전 12 : 00시	오후 9 : 00시
오후 1 : 00시	오후 10 : 00시
오후 2 : 00시	오후 11 : 00시
오후 3 : 00시	자정 12 : 00시

※ 주간 매일의 기록을 위해 이 도표를 복사하여 사용하십시오. 공부 이외의 어떤 행동을 바꾸려고 한다면, '공부'를 지우고 교정할 행동 명칭을 적어 넣으십시오.

5) 지각된 자기 효능감 강화하기

반두라는 목표 달성에 입각한 목표 세우기와 가지 만족감 둘 다 자기 변화를 일으키는 필요조직이라는 것을 증명하였습니다. 그는 또한 목표들과 기술들의 효과는 목표를 성공적으로 추구하려는 능력에 대한 신념이 매우 중요하다는 것을 보여주었습니다. 한 사람이 이러한 자기 확인 신념을 가지는 정도를 반두라는 지각된 자기 효능감(Perceived self-efficacy)이라고 불렀습니다.

> **연습문제 1**

(1) 당신은 일상생활에서 목표 도달에의 성공을 방해하거나 향상시키는 작용을 하는 지각된 자기 효능 원리를 알고 있습니까? 낮은 정도의 자기 확인이 목표를 달성하려는 당신의 능력 혹은 동기에 미친 영향을 예시하십시오.

(2) 높은 정도의 자기 확신이 목표 도달에서의 당신의 성공에 미친 영향을 예시하십시오. 당신의 경험을 논의해 보십시오.

> **연습문제 2**

반두라의 지각된 자기 효능 원리, 즉 목표 도달에 대한 확신은 대학에서 성공, 실패 혹은 평범한 수행을 결정짓는 데 있어서의 중요한 변인으로 작용하고 있습니다. 당신이 하고 싶은 것을 잘하지 못하거나 또는 학업 성위동기가 낮다면, 아마 이것은 이들 목표를 달성하려는 당신의 능력에 대한 확신의 결여로 보는 것이 타당합니다. 당신의 학업 목표들을 고찰해 보고 동기, 수행 및 성공이 지각된 자기 효능의 내적 변인들과 어떻게 관련되어 있는지를 고찰해 보십시오.

6) 문제풀이를 경험하고 난 느낌 정리하기

(1) 반두라의 사회적 학습 이론에 대한 이 과제들을 하고 난 후에 스스로에 관하여 알게 된 몇 가지 중요한 사항은 무엇입니까?

(2) 당신에게 가장 가치 있는 과제는 어느 것이었습니까? 왜 그렇습니까?

(3) 자신의 경험에 비추어 보아 반두라 이론에서 어느 개념, 이론 혹은 아이디어가 당신에게 가장 분명하게 타당한 것으로 보입니까?

• 집단 경험 나누기

작은 토의 집단에서 합류하여, 이 장에서 학습하고 발견된 중요한 것을 서로 공유해 보십시오. 20~30분 정도의 시간을 갖고, 전체 학생이 함께하여 중요하게 알게 된 것들을 토의하고 의견을 나누어 보십시오.

(3) 매슬로우의 실존주의 심리학의 결핍동기와 자아실현의 꿈

1) 결핍 동기와 성장 동기

실존주의 심리학자인 매슬로우(Abraham Maslow, 1908~1970)의 중요한 공헌 중의 하나는 인간 동기의 위계에 대한 이론이었습니다. 이 이론에서 매슬로우는 인간 동기의 두 가지 일반적인 범주를 구별하여 설명하고 있습니다. 즉 결핍동기(deficit motives: 결핍욕구)와 성장 동기(growth motives; 메타욕구)입니다. 결핍동기는 중요한 욕구 영역들, 즉 생리적(physiological), 안전(safety and security), 사랑(love) 및 자존(self-esteem)의 박탈을 기본적으로 막는 것입니다.

결핍욕구에 지배되지 않는 성장 동기는 자기실현으로 방향 지어집니다. 즉, 전체성을 성취하고 한 사람의 최고 본성을 충족시키기 위하여 잠재력을 발달시키도록 지향됩니다. 당신의 생활에서 작용하는 이 두가지 기본적인 동기적 힘들을 구별하는 것이 도움이 될 것입니다.

인간이 어떻게 삶을 계획하고 실천하면 자아실현(self-actualization)이 가능할까?

▶ 연습문제 1

(1) 당신의 생활에서 결핍동기를 반영하는 최근의 행위들, 동기들 및 행동들의 목록을 만드십시오. 결핍욕구 영역들 각각에 대한 예를 포함시키도록 하십시오. 즉 생리적, 안전, 사랑 및 자존(의·식·주 문제, 주택, 배우자 등을 생각하면서 결핍되었던 것을 우선순위로 기록해 보십시오.)

(가장 중요한 사건 순서대로 기록하십시오.

첫째, _____

_____

둘째, _____

_____

셋째, _____
_____

(2) 기본적으로 성장 동기화된 동기들과 행동들의 목록, 즉 결핍욕구들을 만족시키거나 당신의 안전을 보장하는 데 거의 또는 전혀 작용을 하지 않는 행위들의 목록을 작성해 보십시오.
(가장 중요한 사건 순서대로 기록하십시오.

첫째, _____
_____

둘째, _____
_____

셋째, _____
_____

2) 안전 대 성장 경험하기

매슬로우에 의하면 인생 전반을 통한 기본적인 갈등들 중의 하나는 안전과 성장 사이의 선택에서 직면하는 갈등입니다. 그는 이 갈등을 도식으로 간단명료하게 표시하였습니다.

힘의 왼쪽은 우리를 억제하고, 우리를 끝이 제자리에 되돌이기게 합니다. 우리는 흔히 안전과 방어에 집착하고, 과거에 매달려서 우리의 삶을 영위해 나갑니다. 힘의 다른 한쪽은 우리 등 뒤에서 불어오는 강한 바람처럼 우리를 앞으로 나아가게 하고, 위험을 무릅쓰게 하며 또한 우리의 잠재력을 자신 있게 개발하게 합니다. 우리 내에서 성장의 힘과 방어적이고 퇴행적인 힘 사이에 이 갈등은 매우 기본적인 인간 딜레마를 나타내는 것입니다. 안전과 성장의 갈등에서 자기사랑 표현의 방법 중 어느 측면을 자주 선호하고 있습니까?

> 연습문제

(1) 당신의 안전의 요구에 순종했음을 나타내는 것들로서, 지난 몇 년 동안에 했던 두 가지 중요한 결정이나 선택을 확인하십시오.

첫째, _____
_____

둘째, _____
_____

(2) 기본적으로 성장과 자기실현을 위하여 몇 년 동안에 당신이 했던 두 가지 중요한 결정이나 선택을 확인하십시오.

첫째, _____
_____

둘째, _____
_____

(3) 당신의 생활에서 동기적 힘들(안전 대 성장) 각각에 대한 의미성과 힘에 대하여 곰곰이 생각해 보십시오. 중요한 결정을 할 때, 이들 사이에서의 긴장과 경쟁을 인식하였습니까? 이러한 갈등에 직면하였을 때, 당신은 어느 방향으로 움직이는 경향이 있었습니까? (긴장과 갈등을 해결해 온 방법을 구체적인 예를 들어 써 보십시오.)

해결방법 ① _____
해결방법 ② _____
해결방법 ③ _____

3) 자기실현 경험하기

자기실현(self-actualization) 개념은 인본주의 심리학에서 중요한 용어이며, 매슬로우의 동기 및 성격발달 이론에서 핵심을 형성하고 있습니다. 그의 연구에서 자기 실현화된 삶은 인간 성격 발달의 궁극적인 성취인 것입니다. 역사적인 인물들, 탁월한 사람들, 친구들 및 대학생들을 포함한 독특한 연구에서 성격 혹은 자기실현을 한 사람에 대한 종합적 그림을 개발하였습니다.

이 연구로부터 그는 자기 실현화한 사람의 열여섯 가지의 성격 특징들을 밝혔습니다. 이 성격 특징들의 일부는 당신의 현재 성격 발달 단계에서 당신에게 적용이 될 수도 있을 것입니다. 물론, 우리들 중의 많은 사람들은 여전히 결핍 욕구들을 만족시키는 과정에 있으며, 본 과제의 목적은 당신의 약점을 크게 부각시키려는 것은 아닙니다. 오히려, 건강과 성숙의 한 가지 모델, 즉 자기 실현을 삶의 과정에서 자신의 인격발달과 성숙을 평가할 수 있게 해 주는 하나님이 전형적 모형입니다.

▶ 연습문제

(1) 다음은 매슬로우의 자기 실현화한 사람의 열여섯 가지 성격 특징들의 목록입니다. 각 성격 특징의 변별 특징에 스스로 익숙해지도록 하십시오. 각각에 대한 기술은 많은 성격 이론 교과서들에 나와 있으며, 또한 그의 저서인 『동기와 성격(Motivation and Personality, 1954, pp. 199~228)』에도 제시되어 있습니다. 이 목록을 고찰해 본 다음, 당신이 생각하기에 자신의 성격에서 가장 잘 발달한 세 가지 자기 실현화 성격 특징을 확인하고 예시해 보십시오. 그 다음에 당신이 생각하기에 현재 가장 발달이 안 된 세 가지를 확인해 보십시오. (각 성격 특징의 번호를 매기십시오.)

> 자기실현한 사람의 성격 특징을 읽고 지금 현재 본인이 확신하는 항목의 번호 앞에 ○표를 하십시오.

_____① 현실을 효율적으로 지각한다.
_____② 자기, 타인 및 자연을 적절히 수용한다.

_____③ 자발성, 단순성 및 자연스러움이 있다.
_____④ 사물을 문제 중심으로 관찰한다.
_____⑤ 초연함: 나의 사생활에서 느끼는 욕구의 자연스러운 표현을 한다.
_____⑥ 모든 사물에 대하여 자율적으로 대처한다.
_____⑦ 계속적인 신선한 인식을 경험한다.
_____⑧ 정상 경험 혹은 신비적 경험을 적절하게 받아들인다.
_____⑨ 사회적 관심이 크다.
_____⑩ 대인관계를 중요시한다.
_____⑪ 민주적인 성격구조로 변화시키기를 노력한다.
_____⑫ 수단과 목적을 구별하여 사고하고 협동한다.
_____⑬ 철학적인 유머감각이 뛰어나다.
_____⑭ 일을 창의적으로 고안하고 즐긴다.
_____⑮ 현실에 안주하기보다 끊임없이 이상을 추구한다.
_____⑯ 인간 본성과 철학에 근거하여 사회적 실제적 가치를 평가한다.

가. 나의 성격에서 가장 충분히 발달한 세 가지 특징은 다음과 같다.

첫째, _____
_____

둘째, _____
_____

셋째, _____
_____

나. 나의 성격에서 가장 발달하지 않은 세 가지 성격 특징은 다음과 같다.

첫째, _____
_____

둘째, _____

_____

셋째, _____

_____

【표-3】 실존주의 상담 모형(Corey, 1983)

주된 상담 질문 내용	응답과 반응
1) 나는 어찌해서 이곳에 존재하고 있는가?	
2) 나는 이 대학에서 무엇을 얻을 수 있을까?	
3) 무엇이 나의 인생에 목적을 줄 수 있는가?	
4) 내 인생의 의미의 근원을 어디에서 찾을 것인가?	
5) 당신이 선택한 전공(진로와 직업)에 대해 만족하십니까?	
6) 당신은 현재 당신의 위치와 앞으로 당신이 성장해 나가는 것에 대해 만족하십니까?	
7) 당신은 당신의 이상을 실현하기 위하여 지금 무슨 일을 하고 있습니까?	
8) 당신은 지금 무엇을 간절히 원하고 있는지 아십니까?	
9) 당신 자신이 보편적으로 어떠한 인간이라고 생각하십니까? (긍정과 부정)	
10) 당신 자신이 실제로 무엇을 원하고 있습니까? 당신은 분명한 당신의 모습을 알기 위하여 지금 어떤 노력을 하고 있습니까?	

※ 상담자의 종합적인 의견

실존주의 상담모형에서 파트너를 정하고 응답에 대한 반응을 객관적으로 기록한 후에 종합적인 의견을 제시해 보십시오.

_____

_____

(2) 당신의 경험에서, 자기실현 성격을 가장 가깝게 나타내 보인 인물은 누구였습니까? 매슬로우의 성격 특징들을 확증해 주는 그 사람의 두드러진 특징들을 간략하게 기술하십시오 (귀하의 성격형성에 직접 영향을 준 사람의 생애, 업적, 현재의 삶을 기록해 보십시오).

4) 매슬로우의 D 사랑과 B 사랑

매슬로우는 그의 전저 『존재의 심리학에 관하여(Toward a Psychology of Being, 1968)』에서 두 가지 유형의 사랑을 구별하였습니다. 그는 사랑의 뚜렷한 특성을 관찰하여 D 사랑 유형과 B 사랑으로 분류하였습니다. 즉 D 사랑(결핍사랑, 결핍함에서 발달하는 사랑, 사랑의 굶주림, 이기적 사랑)과 B 사랑(존재사랑, 성장 동기화된 사랑, 다른 사람의 존재에 대한 사랑, 요구적이 아닌 사랑, 이기적이 아닌 사랑 등)으로 구분 설명하고 있습니다.

D 사랑의 의미는 비정상적이며 파괴적인 특성을 나타내고 있으며, B 사랑의 의미는 성공적이며 건설적인 특성을 타나내고 있습니다. 또한 자기실현 관계에 내재하는 질적인 우월성에 대한 뛰어난 예를 제공해 줍니다.

▶ 연습문제 1

(1) 당신이 경험한 적이 있는 불건강하고, 가장 부정적인 사랑 관계에 대한 프로필을 써 보십시오. (이 과제에서는 부모님 및 다른 가족 성원들은 제외하십시오.) 당신이 경험한 대로 이 관계에서 불건강한 성격 특징들을 논의해 보십시오.

(2) 그 사람의 학력, 신체적 특성, 도덕적·종교적 특성, 인간관, 사회관, 이성관 등을 중심으로 써 보십시오.
  가. _____
  나. _____

(3) 이 부정적인 관계가 당신에게 끼친 영향은 무엇이었습니까?
  가. _____
  나. _____

▶ 연습문제 2

(1) 당신이 경험한 적이 있는 가장 건강하고, 가장 보상을 주는 사랑 관계에 대한 프로필을 써 보십시오. 이 관계의 주요 성격 특징은 무엇이었습니까?

　가. _____

　나. _____

(2) B 사랑 경험은 '반려를 만드는 데' 도움이 된다고 하였습니다. 당신은 어떤 방법들로 당신의 건강한 사랑 관계를 경험하고 현재의 당신이 되었습니까? 당신은 무엇을 배웠으며, 어떻게 변화하였습니까? 그것은 당신의 성격에서 어떤 차이를 만들어 내었습니까?

　가. _____

　나. _____

5) 정상 경험

　매슬로우는 자기 실현한 사람들은 그가 명명한 정상경험(peak experience)을 흔히 즐긴다는 것을 발견하였습니다. 이 경험들은 인생에서의 무아경의 순간, 환희의 순간 및 열정적인 흥분입니다. 정상 경험은 약물에 의하지 않은 자연적인 '기분 좋은' 경험입니다. 정상 경험에 대한 현상은 그의 후반부 연구 경력 동안의 주요 관심이 되었습니다. 그는, 정상 경험은 자기실현의 순수한 순간이며, 민감한 주체성 경험이라고 생각하였습니다. 그는 많은 사람들의 삶에서 정상 경험을 연구하였습니다. 정상 경험의 본질과 가치에 관한 그의 많은 정보는 80명의 개인 면담 연구와 190명의 대학생 필기 응답으로부터 나왔습니다. 이들 필기 응답을 얻을 때, 그는 대학생들에게 다음과 같은 지시를 주었습니다.

　당신의 삶에서 가장 경이로운 경험 혹은 경험들을 생각해 보시기 바랍니다. 즉 가장 행복한 순간들, 무아경의 순간들, 환희의 순간들, 아마 사랑하고 있을 때, 혹은 음악을 감상하고 있거나 책이나 그림에서 갑자기 생각이 떠오를 때, 운동경기 관람에서 순간적인 성취감을 경험할 때, 혹은 어떤 위대한 창조의 순간으로부터, 먼저 이것들을 목록으로 만드십시오. 그리고 그러한 민감한 순간들에서 당신이 어떻게 느꼈는지, 다른 때에 당신이 느낀 방식과 어떻게 다르게 느꼈는지, 그 순간에 당신이 어떻게 다른 사람이 되었는지를 적어 주십시오.

연습문제

(1) 당신이 매슬로우의 연구에 참여하고 있는 것처럼 그의 지시에 응답해 보십시오.

　가. 가장 행복한 순간들: _____
　_____

　나. 무아지경의 순간들: _____
　_____

　다. 환희의 순간들: _____
　_____

　라. 사랑해 본 순간들: _____
　_____

　마. 자주 생각하는 과제들: _____
　_____

(2) 스스로의 세계에 대한 당신의 지각을 변경시키는 데 있어서, 그리고 당신의 개인적인 주체성과 발달에 기여하는 당신의 정상 경험의 의의에 관해서 논평해 보십시오.

　가. 계속해서 자아실현을 위해 하는 일

　나. 앞으로의 계획

　다. 현재 느끼는 주요한 과제

6) 문제풀이를 경험하고 난 느낌 정리하기

(1) 매슬로우의 성격 이론에 관한 이 과제들을 하고 난 다음에 스스로에 관하여 알게 된 몇 가지 중요한 사실은 무엇입니까?

　　가. _____
　　나. _____

(2) 당신에게 가장 가치 있는 과제는 어느 것이었습니까? 왜 그렇습니까?

　　가. 가장 가치 있는 일?

　　나. 왜 가치 있다고 생각하는가?

(3) 자신의 경험에 비추어 매슬로우의 이론에서의 어떤 개념 혹은 이론이 당신에게 가장 분명하고 타당하게 나타나고 있습니까?

　　가. _____
　　나. _____

집단토의과제

작은 토의 집단을 조직하여, 이 장에서 학습하고 발견한 중요한 것을 서로 공유해 보십시오. 20~30분 후에 전체 학급이 함께하여 주요하게 배운 것들을 토의해 보십시오.

(1) 지금까지 내가 선택한 사랑의 유형은 D 사랑입니까? B 사랑입니까?

(2) 앞으로 계획하고 있는 사랑의 유형은?

(3) 사랑에 관한 정의(성서, 불경 등)를 인용해 보고, 자신의 사랑에 대한 견해를 써 보십시오.

【매슬로우의 D 사랑과 B 사랑의 비교】

다음의 D 사랑과 B 사랑의 성격 특징들을 매슬로우가 그의 저서 『존재의 심리학에 관하여(Toward a Psychology of Being, 1968, pp. 42~43)』에서 제시한 것입니다.

가. D 사랑의 의미
- D 사랑을 하는 사람들은 불건전한 방식으로 서로에게 의존합니다.
- D 사랑을 하는 사람들은 빈번한 의견 충돌이 있습니다. 그 관계에 고도의 불안-불개심이 존재합니다.
- D 사랑을 하는 사람들은 그 관계에서 변화, 성장 및 성숙을 하지 못합니다.
- D 사랑은 소유적이고 구속적입니다.

나. B 사랑의 의미
- B 사랑은 광범위한 치료적 효과를 갖습니다. 상대들은 경험에서 변화하고 성장합니다.
- B 사랑을 하는 사람들은 서로에게 더욱 독립적입니다. 보다 덜 질투적입니다.
- B 사랑을 하는 사람들은 서로에게 불안과 적개심을 거의 갖지 않습니다.

- B 사랑은 비소유적입니다.
- B 사랑은 언제나 기쁨을 주며, 본질적으로 유쾌합니다.

【표-5】 긍정적인 감정과 부정적인 감정의 어휘 비교

긍정적인 감정	부정적인 감정
___ 1) 편안한	___ 1) 신경이 곤두선
___ 2) 함께 모인	___ 2) 따로 떨어진
___ 3) 전체의	___ 3) 휑한, 뒤죽박죽
___ 4) 믿음직한, 적절한, 능력있는	___ 4) 혼란된, 자신없는, 부적절한
___ 5) 우아한	___ 5) 어색한 꼴사나운
___ 6) 잘 정돈된	___ 6) 문란한
___ 7) 수용된	___ 7) 거부된, 버림받은
___ 8) 고마운	___ 8) 감사받지 못하는
___ 9) 한 부분이 된	___ 9) 궤도에서 벗어난
___ 10) 사랑받는	___ 10) 사랑받지 못하는
___ 11) 만족스러운 인생	___ 11) 소진된, 탈진된
___ 12) 힘을 얻는, 확고한	___ 12) 힘을 잃은, 허약한
___ 13) 재치 있는	___ 13) 우둔한
___ 14) 대처할 수 있는	___ 14) 압도된
___ 15) 좋은	___ 15) 나쁜
___ 16) 따뜻한	___ 16) 차가운
___ 17) 행복한	___ 17) 불행한, 좌절스러운
___ 18) 위대한	___ 18) 초라한
___ 19) 기쁜	___ 19) 슬픈
___ 20) 만족스런	___ 20) 만족스럽지 않은, 격노한

긍정적인 감정	부정적인 감정
____ 21) 사랑하는	____ 21) 증오하는, 적대적인
____ 22) 과감한	____ 22) 두려운
____ 23) 조절되는	____ 23) 통제불능의, 무력한
____ 24) 희망찬	____ 24) 희망없는
____ 25) 꽉 찬	____ 25) 공허한
____ 26) 구축된	____ 26) 파괴된
____ 27) 침착한	____ 27) 교란된
____ 28) 열정적인	____ 28) 고갈된
____ 29) 건강한	____ 29) 아픈
____ 30) 힘찬	____ 30) 기운 없는
____ 31) 자유로운	____ 31) 속박된, 긴장된

5. 벤처사회복지상담지도자의 교육과 훈련

사회복지실천과정에서 상담사와 치료사는 수혜대상자에게 어떤 실천모델을 선택하고, 대입시키느냐가 문제의 성패를 가름하게 된다. 많은 실천모델을 한 전문가가 모두 응용하는 것은 불가능하다. 다시 말해 사회복지상담사의 자질과 훈련과정에서 누구를 통하여 수련받았으며, 그 이론이 자신의 적성에 적합한지를 탐색하는 것이 중요한 관건이다. 정신분석가인 프로이드를 우리가 직접 만나지 않았어도 그의 학문의 세계에서 성격적 특성을 찾아볼 수 있다. 그가 개발한 자유연상법(Free association)은 그의 학문적 세계와 성격을 잘 나타내 주고 있다. 그는 수줍은 사람이었고, 사람들과 함께 있으면 불편해 했다. 또한 현학적인 학구파이었고, 지성적이었다. 내담자를 침대에 눕혀 놓고 내담자가 볼 수 없는 위치인 머리맡에 앉아서 상대방의 말을 열중해서 듣는 그의 방법론은 그의 표출된 성격에 꼭 들어맞는다. 그의 이론체계와 그의 사람됨은 일치하는 것 같다.

또한 클라이언트 중심의 상담(Client-centered counseling) 기법을 개발한 로저스(Carl Rogers)는 그의 생활 속에서 교수로든 혹은 치료자로든 언제나 같았다. 그의 학문적 체계와 성격적 특성은 일치하였다. 그리고 심리극(Psycho-drama)의 창시자인 모레노(Moreno)의 성격적 특성을 소개하면 사교적이고, 상황에 적절하게 적응하며, 변화하는 특성을 지닌 것으로 알려지고 있다.

다시 말해 심리치료체계를 개발한 사람들은 그들 자신의 심리상에서 그 체계들을 창조한다. 수줍은 사람은 타인과 눈을 마주치지 않는 체계를 개발(프로이드)하였고, 겸손하고 신사다운 사람은 타인에게 매우 동조하는 체계를 개발(로저스)하였다. 그리고 매우 열정적이고, 변화를 주도하는 사람은 모레노처럼 상황적이고 많은 활동을 하는 체계를 개발한 것을 볼 수 있다.(Corsini, 1992)

이것이 우리에게 주는 시사점은 무엇인가? 본인은 벤처 사회복지 상담분야에 입문하려는 사람들의 경우 가장 좋은 이론과 방법은 그 자신의 것이어야 한다고 믿는다. 자신의 성격에 맞지 않는 방법을 사용해서는 성공할 수도, 만족할 수도 없을 것이다. 진정한 상담사와 치료전문가는 자신의 성격과 일치하는 이론과 방법을 수용하거나 개발해야 한다. 그동안 한국사회의 급변해 온 반세기는 개인과 가족의 가치관을 변화시켰고, 예기치 못한 사회문제를 양산해 왔다. 본인은 임상사회사업현장에서 10년간을 봉직했으며, 사회복지교수로서 40년간의 세월을 보냈다. 진정한 의미에서 나 자신과 가족을 이해하는 데 이론적 한계를 경험했으며, 클라이언트의 생애과정에서 바람직하지 못한 사고와 행동, 그리고 감정을 변화시킨다는 것은 거의 불가능한 수준으로 경험해 왔다. 최근 사회복지상담 및 심리치료영역이 새롭게 대두되면서 벤처사회복지상담지도자의 교육과 훈련의 필요성을 발견하게 되었고, 그 기법을 개발하는 데 공동노력이 요구됨을 절감하고 있다.

【표-6】 사회복지상담 및 심리치료 영역

사회복지상담 실천분야	문제유형
빈곤아동 및 아동학대	특수지역의 빈곤아동, 성학대, 무관심, 신체적 학대, 유기 및 방임
청소년 비행 및 범죄	청소년 도벽, 폭력, 마약, 흡연, 알코올, 왕따
가정폭력 및 성폭력	부부학대, 성폭력, 가족폭력
독거노인 및 노인성 치매	노인 학대, 뇌기능 장애, 행동 및 사고 장애
장애인의 통합적 재활	장애인의 정신지체, 언어장애, 시각장애, 지체장애, 감정 장애
정신장애인의 자활	장기입원, 가족문제, 직업보장, 성격장애, 노이로제, 정신분열
각종 중독 장애	약물 남용, 알코올 중독, 일중독, 섹스중독, 도박, 인터넷 중독
해외 근로자 및 가족	이민관계, 근로조건, 인권, 자녀교육
범죄인의 재활	가족보호, 사회교육, 재활기회 제공
경제적 파탄	회생기회 부여, 가족상담, 자활지도

※ 【표-6】은 한국사회의 급변해 온 경제적 성장과 가치관의 변화, 생활패턴의 기능적 변화 등으로 예측하지 못한 사회문제로 전문가의 도움을 꼭 필요로 하는 사회복지상담의 실천영역이다. 이러한 주요한 문제를 해결하기 위한 노력은 사회복지기관, 선교단체, NGO, 클라이언트 집단에서 문제해결의 실마리를 찾고 있으나 그 해법은 한계를 드러내고 있다. 그러므로 동시대의 사회복지실천을 주도하는 전문가가 공통의 과제를 학문적으로 연구하고, 그 문제를 해결하기 위한 벤처사회복지상담의 교육과 훈련과정이 절실히 요구되고 있다. 이러한 점을 감안하여 본 대학원에서 벤처사회복지상담사의 CEO 과정을 개설하고자 한다.

···▶ 토의과제

(1) 만성질환자의 사고, 감정, 행동의 일반적 특성은 무엇인가?

(2) 입원 중인 환자의 배우자와 가족들 관계의 상호 의견 교환 방법을 논의해 보자.

(3) 영성과 임종의 준비에 필요한 상담 프로그램을 성서적인 기초에서 설정해 보자.

Chapter **2**

정의와 평화
-종교인의 갈등과 화해

정희수: 종교철학 박사
미국 UMC Bishop

◎ 갈등이 있는 곳에 평화를!
갈등이 있는 곳에 평화의 샘물을 넘치게 하는 이론과 실천의 안내서

'갈등이 있는 곳에 평화를'은 모든 사람을 위한 안내서입니다. 우리 모두는 갈등을 안고 살아갑니다. 가정, 직장, 교회 그리고 우리 사회생활에서 갈등은 언제나 산재합니다. 우리는 갈등을 통해 성장하고, 배우고, 치유를 경험하고, 심지어 하나님을 만나게 되는 등 갈등을 건설적으로 활용할 수 있습니다. 우리는 갈등 상황 속에서, 심지어 우리 자신이 갈등의 일부분이 된 그런 상황 속에서도 대화와 상호협력을 격려함으로 평화를 도모하는 중재자가 될 수 있습니다. 간단히 말해서, 우리 모두는 화해자로 부름을 받은 것입니다.

'갈등이 있는 곳에 평화를'은 또한 전문 중재인, 회의 진행자, 갈등 중재 컨설턴트, 특히 자신의 갈등 중재의 이론과 실재를 성서(聖書)와 영성 생활의 근본인, '하나님을 사랑하고 이웃을 사랑하며' '화해를 경험하고, 또 화해하기를 돕는' 일을 하는 깊은 영성의 사람들을 위한 책이기도 합니다.

우리는 화해와 평화의 신학만으로는 충분하지 않음을 알고 있습니다. 우리는 화해자가 되는 데 필요한 기술을 개발해야 합니다. '갈등이 있는 곳에 평화를'은 이런 기술들이 영성 훈련으로 습득될 수 있다고 보는데, 이런 기술들은 본질적으로 단순한 삶의 기술이긴 하나, 성령의 안내를 겸손하게 받으려는 자세와 평생에 걸친 마음의 수련이 있어야 합니다. 이러한 영성 훈련은 다른 동료들과 함께 공부하고 실천해야 하는데, 이 안내서가 그런 영성 수련에 활용되기를 바랍니다. 다른 참고서적들을 이 책 뒷부분에 수록하였으니 참고삼으시기 바랍니다.

'갈등이 있는 곳에 평화를'은 갈등 중재를 위한 신학, 이론과 실재를 정리한 개요서입니다. 이 책의 전체를 한번 훑어보시고, 각 장이 다른 장과 어떻게 연결되어 구성되어 있는지를 한번 살펴보시길 바랍니다. 책의 뒷면에 이 안내서의 전체 내용이 간략히 요약되어 있으니 참고 삼으시기 바랍니다. 그리고 난 후, 각 장을 천천히 읽어보기 바랍니다. 인용된 성경 구절, 이야기나 인용구, 이론과 실재의 제시, 그리고 은유로 표현된 문구들에 대해 묵상해 보시기 바랍니다. '갈등이 있는 곳에 평화를'은 안내서로 쓰여진 책이나 묵상서로도 활용될 수

있습니다. 책 뒷면에 참고도서 목록을 수록하였으니, 당신의 영혼의 순례를 위해 참고삼으시기 바랍니다.

'갈등이 있는 곳에 평화의 샘물(well)을'이란 은유는 갈등상황에 평화를 도모하는, 좋은(well) 예화로 활용되었다고 봅니다. 우리 사회에 그런 청정한 평화의 샘물(well)을 만들어 가는데 당신의 동참을 바랍니다. 그래서 우리 모두가 함께 잘(well) 사는 사회, 관계의 치유와 화해 그리고 거룩한 친교(holy communion)가 이뤄지는 그런 사회를 함께 이루어 갑시다.

- Copyright: 2001 JUSTPEACE Center for Mediation and Conflict Transformation
- 복사 허가서: 이 소책자의 전체를 미연합 감리교회의 어떤 기관에서도 복제하셔도 좋습니다. 한글 역은 정희수 박사가 하셨습니다.
- 연락처는 HSJung@WisconsinUMC.org   전화는 920-991-0548
- 복제를 위한 다른 요청은 JUSTPEACE로 연락해 주십시오.
- 전화: 847-425-6526
- 전자 메일: JUSTPEACE@JUSTPEACEumc.org.

벽(well)이 아니라 평화의 샘물(well)을!
갈등이 하나님의 창조의 한 부분이며, 갈등이 성장과 계시의 기회가 됨을 믿으라.

◎ 갈등은 의견 차에서 오는 것으로 긴장을 유발시킨다.

갈등을 어떻게 이해하느냐에 따라 갈등에 대한 우리의 반응이 파괴적 혹은 건설적으로 나타난다.

- 갈등에 대한 우리의 태도 여하에 따라 갈등을 통해 우리가 변화·성장할 수 있을지의 여부가 결정된다.
- 대개 사람들은 갈등은 나쁜 것이고, 잘못된 것이며, 파괴적인 것이라 본다.
- 이런 태도들 때문에 사람들은 갈등이 생길라치면, 방어적이게 되고, 또 공포와 불안을 느껴, '맞서 싸울 것이냐, 아니면 도망칠 것인가' 하는 긴장의 심리 상태에 빠지게 된다. 그래서 갈등이 생기면 사람들은 종종 마음의 벽을 쌓아 올려 그 뒤에 숨고자 한다.
- 우리는 예수와 초대교회의 모범을 따라야 한다.
- 예수는 예루살렘에 올라 가셨다. 예수는 갈등과 분쟁을 피하지 않으셨다.
- 초대교회 교인들은 신학상, 성서해석학상의 갈등의 와중에서도 서로의 의견과 하나님의 세미한 음성에 귀를 기울였으며, 할례 받지 않은 이방인을 교회에 포용함으로써 거룩한 계약의 테두리를 확장시켰다.(행 15)
- 우리는 건설적인 선택을 할 수 있다. 벽(well)을 쌓던지 아니면 평화의 샘물(well)을 파던지 하는 것은 우리에게 달려 있다.

소크라테스가 하루는 아테네가 내려다보이는 언덕에 앉아 있었다. 그 때 어떤 나그네가 지나가다 묻기를, "저기 아래에 내려다보이는 아테네에 사는 사람들은 어떤 사람들인가요?" 소크라테스가 되묻기를, "댁은 어디서 오는 길이오?" 그러자 그 사람은, "스파르타에서요."라고 했다. "스파르타에 사는 사람들이 어떠한지요?" 그 사람이 대답하길, "무례하고 심술궂고 인심이 나쁜 사람들입죠." 소크라테스는 말하길, "아테네 사람들도 똑같을 거요. 나 같으면 안가겠소."

조금 후에, 다른 사람이 소크라테스에게 다가와 물었다. "아테네 사람들은 어떤 사람들입니까?" 소크라테스가 되묻기를, "댁은 어디서 오는 길이오?" 그 사람은, "스파르타에서요." "스파르타에 사는 사람들이 어떤가요?" 하고 묻자, 그 사람은 "친절하고, 이심이 후하고, 좋은 사람들입죠." 소크라테스는 그 사람에게 어깨동무를 하며 말했다. "함께 아테네로 내려갑시다. 아테네 사람들도 똑같소."

- 두 세 사람이 내 이름으로 모인 곳(갈등을 안고)에는 나도 그들 중에 있느니라.(마태 18:20)

◎ 갈등은 자연스럽고 필요한 것

- 자연스러운 것: 갈등은 자연스런 한 부분이며, 서로 관계를 맺고 다양성 속에서 선택의 자유를 갖고 살도록 하신 하나님의 창조 섭리의 한 부분이며, 하나님은 이를 '좋다'고 선포하신다. 우리는 항상 갈등을 안고 살아갈 것이다. 우리는 갈등이 없기를 바랄 것이 아니라, 샬롬, '정의로운 평화'(Justpeace)의 현존을 추구해야 할 것이다.
- 필요한 것: 갈등은 불의, 압제와 악을 극복하는 데 필수적이며, 이를 위한 원동력이 되기도 한다. 건설적인 반응도 대화와 중재의 단계에 이르기 전에는 종종 갈등의 양상으로 나타난다.
- 갈등에 대한 우리의 태도는 믿음에 관한 문제이다. 갈등 속에서 그리고 갈등을 통해서 하나님이 역사하고 계심을 우리는 믿는가? 하나님이 십자가, 갈등의 궁극적인 이미지에 계심을 우리는 믿는가? 갈등을 평화롭게 해결하려고 두 세 사람이 모인 곳에 예수님이 함께 계심을 우리는 믿는가?
- 갈등은 우리로 하여금 겸허하게 무릎 꿇게 하는 것으로, 먼저 하나님을 의지하게 하고, 또 다른 사람들과 상호의존의 관계를 맺도록 인도한다. 갈등을 통해 성령의 자원과 능력에 새로운 방식으로 의존하는 법을 배우게 된다.
- 갈등을 통해 우리는 새롭고 강력하게 하나님을 알게 된다.
- 갈등이 성스러운 공간임을 알게 된다.

건설적인 믿음의 태도를 견지함으로써, 우리는 갈등을 긍정적으로 변화시킬 수 있다.
- 갈등이 성장, 배움, 긍정적인 변화의 촉매와 자기 발견의 시간이 될 수 있다.
- 궁극적으로 우리는 사회 구조의 변화뿐만 아니라, 우리 자신의 변화, 우리 관계의 변화가 필요하다.
- 갈등을 긍정적으로 해소할 수 있기 위해서는, 우리가 건설적인 태도를 견지함으로, 부

정적인 반응과 폭력의 악순환의 고리를 끊고, '치유자'의 사명을 감당해야 한다.
- 갈등을 해소하려면, 올바른 관계, 즉, 샬롬 혹은 '정의로운 평화'(Justpeace)를 추구해야 한다.

갈등의 한복판에 평화의 샘물(well)을 창조하는 것은 쉬운 일은 아니며, 위기와 수고가 따른다.

이 갈등을 통하여 고요하고 깊은 강물이 있는 내 맘의 중심에 다다르게 하소서!

◎ 평화의 샘물(well)이 차오르게 하라.

예수 그리스도 안에서 성육화된 하나님의 사람에 당신의 가슴과 머리를 열어라.
불안을 버리고, 화해를 체험하고, 화해자가 되라.

◎ 하나님은 사랑이라.

- 태초에 관계가 있었느니라.(부버)
- 모든 피조물은 하나님 안에서 연결되어 있다.
- 하나님의 사랑이 예수 그리스도에게서 화육되었다.
- 하나님의 사랑은 한정이 없다. 우리 모두에게 주고도 넘치는 풍부한 사랑이다.
- 하나님은 용서하시고, 화목하시는 하나님이시다.

◎ 창조는 관계이다.

- 우리는 모두 서로 연관되어 있고 상호 의존되어 있다. 우리는 하나님과 다른 모든 피조물과 관계를 맺고 살기 위해 피조되었다.
- 사람은 다른 사람과의 관계를 통해 진정한 사람이 된다. 내가 인간인 것은 너의 인간임과의 불가분의 관계가 있다. 내가 너를 비인간화하면, 나는 결국 나를 비인간화하게 된다.(투투 주교)

6세기에 가자에서 활동했던 도로테우스 스승은 자기 수도원에서 수련 중이던 수도사들이 "시시하고 성가신 동료들을 인내심을 가지고 대하느라 신경이 쓰여 하나님만을 전적으로 사랑하기가 힘들다."고 투덜대자 다음과 같은 말씀을 해 주었다 한다.

"세상이 하나의 큰 원이고, 그 중심에 하나님이 계시며, 그 원 주위에 사람들이 있음을 마음의 눈으로 그려보아라."

"원의 바깥에 있는 모든 사람들과 원 중심에 계신 하나님을 연결하는 직선이 있다고 상상해 보라."

"사람들에게 다가가지 않고선 하나님께 가까이 나아갈 수 없으며, 하나님께 가까이 나아가지 않고서는 다른 사람들과 가까워질 수 없다는 이 사실을 깨닫지 못하겠느뇨?"

◎ **우리는 하나님의 형상으로 지음 받았다.**

- 하나님은 사랑이라. 우리는 하나님을 온 마음과 영혼과 정신과 힘을 다해 사랑하고, 또 이웃을 우리 자신처럼 사랑해야 한다.(마. 22:37-39)
- 하나님은 화해자이시다. 우리는 화목하게 하는 사역을 위하여 부르심을 받았다.(고후 25:17-18)
- 아무도 하나님을 본 사람이 없으되 우리가 서로 사랑하면, 하나님이 우리 안에 계시고, 그의 사랑이 우리 안에서 완성되느니라.(요일 4:12)
- 우리 교회 사역의 목적은 하나님 사랑과 이웃 사랑을 증대시키는 것이다.(리챠드니버)
- 하나님의 창조 세계를 향한 비전은 올바른 관계, 샬롬 혹은 정의로운 평화(Justpeace)이다.

◎ **거룩함은 관계에 참여함이다.**

- 성서는 분리를 거룩함으로 보는 데에서 시작하여, 관계에의 참여를 거룩함으로 보는 쪽으로 발전했음을 보여 준다.
- 이것은 다른 사람들과 함께 치유를 받고, 다른 사람들을 위하여 치유를 베푸는 능력을 말한다.
- 이것은 결핍이나 불안에서가 아니라, 하나님의 풍부한 사랑의 삶을 사는 것이다.
- 이것은 생명을 살리는 용서의 능력을 체험하는 것이다.

- 관계의 참여를 통하여 모든 것이 새롭게 된다.

나를 씻으소서. 나의 영혼을 새롭게 하소서.
풍부한 사랑으로 나를 넘치게 채우소서!

◎ 화해를 도모하기 위해 잘(well) 준비하라.

이해를 위해 귀담아 듣고, 진실을 말하되 사랑으로 말하며, 상상력을 활용하며, 용서를 먼저 베풀어라.

그러므로 너희는 하나님의 택하신 거룩하고 사랑하신 자처럼 긍휼과 자비와 겸손과 온유와 오래 참음을 오래 참음을 옷 입고 누가 뉘게 혐의가 있거든 서로 용납하여 피차 용서하되 주께서 너희를 용서하신 것과 같이 너희도 그리하고 이 모든 것 위에 사랑을 더하라. 이는 온전하게 매는 띠니라. 그리스도의 평강이 너희 마음을 주장하게 하라. 평강을 위하여 너희가 한 몸으로 부르심을 받았나니 또한 너희는 감사하는 자가 되라.(골로새서 3:13-15)

◎ 평화를 도모하는 데에도 기술이 필요하다.

- 메노나이트 분쟁 해결 서비스(Mennonite Conciliation Service)를 시작하면서, 란크 레비블은 연합 감리교의 제임스 라우이로부터 분쟁 상황에 평화를 증진시키려면 열망만으로서는 충분치 않고, 기술 또한 필요함을 배우게 되었다.
- 이런 기술들은 항상 사랑에 의해 안내, 지도 받아야 하는데 그 사랑이란 자비롭고, 친절하고, 겸손하며, 온순하고, 인내하며, 용서하며, 감사하는 그런 사랑을 말한다.
- 우리가 배울 기술들에는 여러 가지가 있겠으나, 그 중 가장 중요한 기술들은 이해를 위해 귀담아 듣는 기술, 진실을 말하되 사랑으로 말하는 기술, 상상력을 활용하며, 용서를 베푸는 기술 등이다.(상세한 설명은 '갈등 해소를 위해 대화에 임하라.' 편에서 다루어진다.)
- 갈등이란 거룩한 공간을 지날 때 이런 기술들은 우리로 하여금 더욱 깊은 차원의 거룩함에 이르게 하는 영성 수련이 된다.

◎ 이해를 위해 귀담아 들으라.

- 사람마다 듣기는 속히 하고(약 1:19)
- 평화 증진의 길은 듣는 것(엘리스 볼딩)
- 듣는 것은 우리의 가장 깊은 요구: 이해받고자 하는 욕구를 충족시켜 준다.
- 듣는 것은 각 사람의 특별함을 인정하고 존중해 주는 것. 비록 우리가 동의하지 않을 때에도.
- 들음으로 우리는 서로 배우고, 변화하게 된다.
- 들음으로 우리는 하나님이 상대방을 통해 말씀하심을 깨닫게 된다.
- 우리가 하나님의 음성을 알아들을 수 있는 정도는 우리와 갈등 속에 있는 상대방의 음성을 들을 수 있는 정도에 비례한다.(레더락)
- 들어줌으로 우리는 얘기를 할 수 있는 기회를 베풀어줌과 동시에 오순절의 경험(상이함 속에 공동체의 탄생)을 하게 된다.
- 경청의 진수는 진실함에 있다. 남의 말을 들을 때는, 진정한 관심과 참된 배려의 마음이 동반되어야 한다.
- 들음을 뜻하는 중국어 청(聽)이라는 단어에는 귀, 입, 마음이 한꺼번에 모아져 있다.
  - 귀는 들음을 뜻한다. 우리에게는 귀 두 개와 입 한 개가 주어졌다. 이는 말하기보다 듣기에 시간을 많이 할애해야 함을 뜻한다. 우리는 입을 통해 우리가 들은 바를 요약하고 정리하여 말해줌으로, 상대방이 말하고 있는 바를 이해하고 있음을 알려줘야 한다. 상대방의 말이 대화의 진척에 별로 도움이 안 된 말일 때에는 상대방이 말한 내용의 골자는 살리되, 이를 좀 더 건설적인 언어로 풀어서 말해도 좋다.
  - 눈은 우리가 정말 열심히 경청하고 있는지 아닌지를 말해 준다. 우리는 상대방에게 정신을 집중하고 경청하고 있음을 눈으로 알려줘야 한다.
  - 마음으로 듣는다는 것은 상대방의 마음을 헤아리며 듣는 것이다. 그들의 감정의 흐름을 파악하고, 사려 깊은 질문을 던짐으로 상대방이 미처 깨닫지 못했던 깊은 문제들에 대해 말하도록 유도하고, 상대방이 느낀 감정에 몰입하는 감정이입을 경험해 보라.

◎ 진실을 말하되 사랑으로 말하라.

- 사랑 안에서 참된 것을 말하며, 범사에 그에게까지 자랄지라. 그는 머리니 곧 그리스도라.(엡 4:15)
- 당신의 이야기를 진실되고, 명료하게 얘기하라. 당신에 대한 정보-당신의 요구 사항, 감정, 당신이 처한 상황에 대한 설명 등에 초점을 맞추고, '당신이 문제다.' 하는 식의 비난, 넘겨짚기, 억지 부리기 등은 삼가라.
- 구체적으로 말하고, 주먹구구식으로 말하지 말라.
- 당신 입장만 얘기하고, 남을 대변하려 들지 말 것
- 지금 현재 느끼고 있는 감정에 국한하여 말할 것
- 진실을 말하되, 치유케 하는 진실을 말하고, 과거의 상처는 과거로 묻어 두고, 새로운 미래에 초점을 맞출 것(부루지만)

당신의 사랑으로 나를 옷 입히시고,
그 사랑이 실제로 나타나게 하는 기술을 내게 가르치소서!

◎ 상상력을 활용하라.

- 너희는 이전 일을 기억하지 말며 옛적 일을 생각하지 말라. 보라. 내가 새 일을 행하리니 이제 나타낼 것이라. 너희가 그것을 알지 못하겠느냐?(사 43:18-19)
- 파괴적인 갈등의 상당 부분이 상상력의 부재 혹은 상상력의 실패에 기인하다.
- 우리 문화권에서 예수를 좇아서, 하나님과 이웃을 사랑하려면 고도의 상상력이 요구된다.
- 독창성을 발휘해야 한다. 머리와 가슴을 열고 성령의 인도하심에 따라 전혀 생각지도 못했던 생각들과 장소들로 옮겨갈 마음의 준비가 되어 있어야 한다.
- 이것은 우리의 가설과 주장을 잠시나마 포기해야 함을 뜻한다.
- 이것은 또한 결과를 좌지우지하고 문제를 우리 식으로 해결하려는 우리의 욕심을 버려야 한다.
- 우리는 상상 가능한 모든 해결책을 다 거론하여 많은 선택 가능성을 제시해야 한다.
- 보다 나은 미래를 창조하는 데 초점을 맞추어야 한다.

- 문제 해결에 대한 많은 선택 가능성들을 거론한 뒤 이들이 얼마나 현실적으로 실현 가능성이 있는지 평가해야 한다.
- 자기에게 익숙한 입장을 포기하고, 공동의 입장을 지향하며, 더 나아가 고상한/거룩한 입장을 추구하고자 함으로 다른 사람들도 이 모범을 따르게 된다.

◎ 용서하는 사람이 되라.

- 너희가 사람의 과실을 용서하면 너희 천부께서도 너희 과실을 용서하시려니와 너희가 사람의 과실을 용서하지 아니하면 너희 아버지께서도 너희 과실을 용서하지 아니하시리라. 그 때에 베드로가 나아와 가로되, 주여 형제가 내게 죄를 범하면 몇 번이나 용서하여 주리이까? 일곱 번까지 하오리까? 예수께서 가라사대 네게 이르노니 일곱 번뿐 아니라 일흔 번씩 일곱 번이라도 할지니라.(마 6:14-15; 18:21-22)
- 용서는 학습을 통해 배워야 하는 기술이며, 우리가 체득해야 하는 삶의 방식이다. 매일 용서하기를 위해 기도해야 하며, 기를 쓰고 이 용서하기에 승리해야 한다.(엘 그레고리 존즈)
- 용서란 피해자가 자발적으로 가해자를 죄책의 굴레에서 벗어나도록 풀어 주는 것이며, 피해자 측이 가질 수 있는 앙심과 보복할 마음을 버림으로써, 피차간의 관계의 회복과 화해의 길을 여는 것이다.(마샬)
- 용서란 약자의 특징이거나 잘못의 허용, 사태의 부인(否認), 망각, 혹은 자동적으로 쉽게 되는 그런 것이 아니다.(마샬)
- 용서의 역학이란 용서를 필요로 하는 사태를 인식하고, 용서하기로 결심한 후, 상처에 대한 고통과 분노를 존중히 다룬 뒤, 가해자를 열린 마음으로 대하는 '고통의 친교'를 기꺼이 경험하고 난 후, 가해자를 용서하고, 과거와 화해한 후, 끝으로 가해자와 화해하는 과정 전체를 말한다.

◎ 당신의 도구함에 다른 기술들도 넣어 두라.

- 이런 기술들을 향상시키기 위해 계속적인 훈련을 받으라. 이 책자의 마지막 장 안쪽 부분에 나와 있는 훈련 기회들을 활용할 생각을 해 보라.

치유를 받고자 노력하는 자는 복이 있나니, 저들이 치유자가 될 것임이라.

자신의 내부에 폭력의 근성이 있음을 깨닫는 자는 복이 있나니, 저들이 가는 곳마다 치유를 베풀게 될 것임이라.

자비로운 마음으로 남의 말을 듣는 이는 복이 있나니, 저들이 화합(和合)을 위해 일하는 자가 될 것임이라.

관조(觀照)적인 삶의 자세를 견지하는 자는 복이 있나니, 저들이 만물에서 하나님을 발견하게 될 것임이라. 이 팔복(八福)을 지켜 살고자 하는 자들은 복이 있나니, 저들이 평화를 위해 일하는 자들이 될 것임이라.

-컨코디아의 성 요셉 수녀회

주님! 듣고, 말하고, 창조하고,
용서할 수 있는 재능을 주심을 감사합니다.

회복을 체험하라.
용서와 치유를 체험함으로 갈등이 있는 곳에
평화를 도모하는 도구로 쓰임 받을 수 있다.

◎ 회복을 체험하라.(Be Well)

- 거룩함(Holiness)이란 온전함(Wholeness), 건강함(Wellness), 샬롬(Shalom) 등을 뜻한다.
- 다른 사람들의 치유와 용서를 위해 일하기 전에, 우리가 먼저 다른 사람들을 통해서 베풀어 주시는 하나님으로부터 오는 용서와 치유를 받을 필요가 있다.
- 남의 눈에서 티를 빼내려 하기 전에 우리 눈 안의 대들보를 살펴 볼 필요가 있다.(마 7:3-5)
- 우리 자신의 행동을 고치는 게 우리가 할 수 있는 최선
- 우리 자신 안에 내적인 격동과 혼란이 있으면서, 남들의 비평화적인 행동을 고쳐 평화를 구현하겠다는 것은 어불성설일 뿐이다. 평화를 위해 일하고자 하는 사람들은 모름지기 자기 안의 비평화적인 요소들 무지, 아집, 과욕, 적대감, 죄책감 등의 뿌리를 뽑아야

한다. 최소한 이런 노력 없이는, 다른 사람들에게 아무런 영향력을 미칠 수 없음을 알아야 한다.(애덤 컬)
- 이것을 다른 말로 하면, 나의 감정을 받아들이는 것으로 그 감정의 뿌리와 그 감정의 의미를 이해하는 것이며, 내 속에 인간적인 부족함과 자신감 없음, 그리고 두려움이 있음을 깨닫고 솔직히 인정(認定)하는 것이며, 내가 '실패했음'을 솔직히 시인하나, 겸손과 품위의 정신으로 자신을 추스려 다시금 일어섬을 뜻하며, 나 자신의 어리석음을 보고 흔쾌히 웃을 줄 아는 성숙함을 뜻한다.(쉬룩-쉥크)
- 진정한 정신 건강이란 우리 안의 상처를 깨닫는 것뿐만 아니라 우리가 다른 사람들에게 준 상처를 깨닫고 뉘우칠 줄 아는 데 있다.
- 갈등에 대한 신앙적인 이해를 갖게 되었는가? 당신의 샘물을 '풍성한 사랑'으로 채웠는가? 갈등 해소를 영성 수련의 고정으로 알고 꾸준히 실천하려는가?

◎ 샘물이 되라.(Be a well)

- 당신 안의 평화(well)의 수원(水源)을 통해, 당신은 우물(well)되어 사람들에게 형화를 전해 줄 수 있다.
- 평화의 일꾼이 되라.
    - 사람들을 한 곳에 모이게 하라.
    - 대화를 위해 안전한 공간을 함께 만들라.
    - 얘기를 하고, 듣는 분위기가 되도록 유도하라.
    - 다양한 감정들을 인정(認定)하라.
    - 영성 훈련의 기술들을 활용하게 하라.
    - 자신 안의 갈등을 먼저 해소하게 도우라. 먼저 자신이 치유를 받아야 남과 화해할 수 있다.

◎ 당신이 중개인 혹은 화해자의 입장이 아니고, 당신이 갈등의 일부분일 때에도 위 사항을 실천하라.

- 이 작업은 무척 힘이 드는 것이 사실이다. 그러나 이는 또한 삶을 변화시키는 작업이

기도 하다. 아마 '성취 위주(doing)'로 생각하면 힘이 들 것이나, '겸손히(being)' 섬기는 자세로 하면 힘이 덜 들 것이다.

즉, 내가 사태를 조종하려거나, 전문가처럼 보이고 싶은 욕망, 사람들을 단번에 고치려는 생각 등만 버린다면, 힘이 훨씬 덜 들 것이다. 이러한 생각들을 '내가 약할 때, 하나님이 강하심'을 믿는 고요한 확신으로 바꿀 때, 나는 오히려 힘이 생길 것이다.(쉬록-쉥크)

명절 끝날 곧 큰 날에 예수께서 서서 외쳐 가라사대 누구든지 목마르거든 내게로 와서 마시라. 나를 믿는 자는 성경에 이름과 같이 그 배에서 생수의 강이 흘러나리라 하시니.
(요 7:37-38)

- 이렇게 함으로 우리는 문제의 해결사나 치유자, 혹은 구세주가 되려는 환상에서 벗어날 수 있다. 우리가 하는 일은 치유나 화해를 갖다 주는 게 아니라, 단지 이와 같은 것이 발생할 수 있는 환경을 조성해 주거나, 성령이 역사하실 공간을 제공해 주는 것뿐이다.
- 우리는 또한 파괴적인 삼각관계에서 벗어나게 된다.
- 좋은 결과에 대해서는 겸손히 다른 사람들에게 공(貢)을 돌리고, 다른 사람들에게 중요한 역할을 할 기회를 주라. 공평한 입장을 견지하기 어렵거나, 혹은 공평하지 못 하다는 평을 듣게 되는 경우, 혹은 좀 더 전문적인 중재가 필요할 경우 등에는 제삼자인 중재인이나 중개인을 활용하라.

당신이 나와 늘 함께 해 주시고, 나를 치유해 주시는 것처럼,
나 또한 만나는 사람들에게 그런 존재가 되게 해 주소서!

갈등 해소를 위해 타인과의 관계에 뛰어 들라.

공동 샘물을 함께 파라.
갈등을 함께 분석하고 모두가 동참하는 공동 작업을 구상하라.

네 형제가 죄를 범하거든 가서 너와 그 사람과만 상대하여 권고하라. 만일 들으면 네가 네 형제를 얻은 것이요, 만일 듣지 않거든 한 두 사람을 데리고 가서 두 세 증인의 입으로 말마다 증참게 하라. 만일 그들의 말도 듣지 않거든 교회에 말하라.(마 18:15-17)

◎ 갈등이 일어나면 시초에 잡으라.

- 갈등을 시초에 잡지 않으면, 갈등이 악화될 소지가 높은데, '누구누구가 문제'라거나, 이슈가 복잡하게 쌓여 문제의 핵심이 흐려지며, 제삼자들이 갈등에 끌려 들어오며(삼각관계), 서로 감정적인 반응(눈에는 눈)을 보이고, 극단적인 대립으로 발전하게 될 소지가 많아지게 된다.
- 갈등이 생길 때 시초에 건설적인 조치를 취하면, 긴장을 완화시켜 폭력을 쓸 가능성을 줄이게 되고, 신뢰감을 유지시켜 난감한 이슈들을 다룰 때, 보다 나은 의사소통의 길이 보장되게 되고, 당사자들 간의 대화가 좀 더 직접적이 되도록 하는 장점이 있다.
- 골치 아픈 인간관계의 문제가 생기면 덮어 두는 게 문제 해결의 길이라 생각하기 쉽지만, 사실 그렇게 하면 문제가 악화되어 곪아 터진다.(헨리 키신저)

◎ 마태복음 18:5를 기억하라.

- 신변상 안전의 문제만 없다면, 문제의 당사자들이 직접 만나 대화를 하게 하라.
- 갈등 해소를 위해 당신이 준비해 온 것과 같이, 당사자들에게도 대화를 위한 기본 사항들을 교육시켜라.
- 이렇게 함으로, 당신이 삼각관계에 말려들 위험을 줄이게 된다.
- 직접적인 대화가 실패로 돌아갔다면, 마태복음 18:6로 옮겨가 당신이 중재인의 역할을 맡으라.

◎ 갈등을 이해하는 데 도움이 될 중요 인물들에게 얘기하라.

- 갈등 속에 있는 사람들과 관계, 갈등 구조를 이해하고 문제들과 관심사, 그 문제 저변에 깔려 있는 요구 사항, 그리고 문제를 일으키는 서투른 해결 시도 등을 이해하라.
- 갈등의 정도를 이해하라. 그렇게 함으로 갈등 상황에 어떤 방도로 대처할 것인가를 결

정하는 데 도움 받게 된다.(레아스)

◎ 당사자들에게 문제 해결의 성숙한 방법을 교육시켜라.

- 과정이 결과만큼 중요하다. 위태로운 인간관계를 다룰 때면, 과정이 종종 결과보다 더욱 중요하다. 모든 사람들을 정중하고, 공정하게 대해야 한다. 일반적으로 사람들은 의사 결정에 참여한 뒤 결정된 사항에 대해서는 자기들이 좀 못마땅해도 받아들이는 경향이 있다.
- 하나님의 제일 중요하게 그리고 제일 잘 하시는 일은 그의 백성들에게 인류를 위해 해야 할 일을 믿고 맡겨 주시는 것이다.(부루지만)
- 협동적으로 일을 풀어 나가는 과정은 개인적인 성취와(개인의 권한 신장) 아울러 관계 증진(타인의 인정(認定)) 양면에게 공히 높은 정도의 헌신이 있음을 보여 준다.
- 중재와 같은 협동적인 문제 해결책은 적대적인 문제 해결책과 다르다.

당신의 사랑으로 우리를 감싸서서
우리가 상대방을 샘물에서 만날 용기를 갖게 하소서!

◎ 갈등 해결에 공동의 노력을 모으라.

- 갈등 해결을 위한 작업에 당사자 모두를 참가시켜라: 영향을 입을 당사자들, 결정을 내리길 꺼려하는 사람들, 이 작업에 지혜를 베풀어 줄 사람들 모두를 포함시켜라.
- 누가 사회자가 될 것인지를 결정하라.
- 목적을 명료하게 밝혀라. 어떤 논제가 다루어질 것이며, 언제 어디서 이 공동 작업은 어디서 거행될 것이며, 의사 결정은 어떻게 이루어지는지 등을 공개하라.
- 모든 해당자들이 발언할 수 있는 시간과 기회를 주라.
- 해당 당사자들이 모두 알 수 있도록 상세한 보고를 함으로 신뢰를 유지할 것-홍두깨식의 임기응변은 안됨.

◎ '여럿이 둘러앉아서 하는 회의'는 좋은 회의 방법의 한 예

- 이 회의의 모델은 모든 참가자들이 여럿이 둘러앉아서 하는 회의이다. 모든 참가자들이 원의 중심에서 같은 거리에 여럿이 둘러앉아 있고, 모든 참가자들이 서로 잘 볼 수 있도록 앉게 되어 있다. 모든 사람들이 회의 결과에 똑같은 책임을 지며, 모든 참가자들의 의견을 존중히 다룬다.
- 이 원(圓)은 거룩한 것, 개회 기도와 폐회 기도 그리고 예전적 의식(예를 들면, 촛불 점화 등) 등을 통해 이 모든 시간과 공간이 거룩하며, 진실을 말하고 들을 수 있는 안전한 공간임을 알려 준다. 원의 중심에 하나님의 임재를 상징하는 상징물을 놓아둔다.
- '발언권표'(예를 들면, 성경책)를 활용하여, 사람들의 이해를 얻기 위해 경청하고, 또 진실을 말하되 사랑으로 말할 수 있는 이 회의 과정이 질서 있게 되도록 돕는다. 그 '발언권표'를 가지면, 발언할 수 있고 그 '발언권표'가 없으면, 다른 사람의 말을 듣고 있어야 한다. 모든 사람이 똑같이 발언의 기회를 얻으며, 남이 말하고 있을 때 말을 중단시킨다던지 혹은 코멘트를 하는 것 등은 허용되지 않는다. 할 말이 없으면 말을 하지 않고 통과해도 되며, '발언권표'는 원둘레의 순서대로 넘어가야 한다. 그래야 모든 사람들이 언제 자기에게 발언의 기회가 올지 알게 된다.
- 이 회의의 사회자는 이 회의가 순조롭게 진행되도록 하기 위해 다음과 같은 책임이 있다 : 개회와 폐회 의식 회의의 원칙 사항 합의 도출(샘물을 함께 나눠라.): 얘기를 끌어낼 수 있는 질문 던지기(깊은 곳에서 물을 끌어 올려 함께 마시기): 한 번씩 발언권이 돌아간 후, 각자의 얘기를 종합 정리하기, 참가자들에게 주요 현안에 초점을 맞추게 하고, 거룩한 상상력을 활용하여 선택 가능한 문제 해결책들을 탐색하게 하고, 공동 기반을 형성하는 일, 때로는 발언권표의 흐름을 중단시키고, 그룹 아이디어 모으기를 촉구하며, 여론이 모아진 것을 정리하는 일, 여론이 형성이 안 되었다면, 현재까지의 논의에서 무엇이 성취되었고, 무엇이 성취되지 않았음을 정리 보고하는 책임 등을 안고 있다.

◎ 공동의 작업이 수포로 돌아가면 마태복음 18:17을 기억하라.

- 모든 문제에 있어 우리의 공동 작업이 다 성공하는 것은 아니다.
- 때로는 우리를 위해서 다른 사람들이 결정을 내려 주도록 부탁해야 하는 경우들도 있다. 예를 들면, 교회와 교회의 지도자들에게.

최근 설립된 한 교회에서 갈등이 생겨 이제는 곪아터질 상태에 이르게 되었다. 문제는 교회의 주도권을 쥐고 있는 대다수의 교인들이 사용하는 언어와는 다른 언어를 사용하는 소수 민족 출신 교인들이 교회에서 부당한 대우를 받고 있다고 불평을 시작한 것이다. 소수 민족 교인들이 화가 난 구체적인 이유는 교회가 소수 민족인 자신들의 처지에 무관심하고 있기 때문이라는 것이다.

교회의 지도자들은 이들의 불만에 변명부터 늘어놓거나 혹은 이런 불평분자들을 쉬쉬하며 묵살시키지 않고, 이 문제를 정식 의제로 거론하기로 했다. 전체 교인 회의가 소집되어, 이 문제들을 논의하여, 해결책이 제시되었다. 교회는 소수 민족 중 7명을 임명하여 등한시되는 교인들을 보살피도록 했다. 이 해결책은 모두를 기쁘게 했다.(교회 역사 최초의 갈등 이야기) (사도행전 6:1-7)
-리쳐드 블랜번-
우리가 안전을 느끼고 상호 존중할 수 있는 장소를 창조하게 하소서!

샘물(Well=평화)을 공유하라.
이 모임에 참여한 모두가 공감할 만한 상호 존중 계약 사항을 협정하라.

◎ **성서에서 계약은 중요한 관계 사이의 약속을 의미한다.**

- 계약은 사람을 묶는 상호 합의된 약속이다.
- 계약은 기본적으로 두 가지가 있다.: 사람과 사람 사이의 계약과 사람과 하나님 사이의 계약
- 성경에서 하나님은 항상 계약의 관계에서 체험되었다. 아브라함을 통해 지구상의 모든 백성을 축복하시려는 의도로 맺으신 아브라함과의 계약에서 시작하여, 이스라엘과의 계약, 그리고 이 모든 계약에 기초하고 이 모든 계약을 완성하시려고 맺으신 예수 그리스도와의 계약이 있다.
- 계약은 상대방을 존중하는 것을 전제로 한다.
- 계약은 상호간에 책임을 지는 것이다.

◎ **공동체 형성을 위해 인간관계 계약은 중요하다.**

- 인간관계 계약이란 공동체 생활에서 각자를 어떻게 대해야 하나에 대한 회원들 간의 합의된 사항.
- 인간관계 계약이란 회원 상호간의 혹은 전체 공동체에 대한 합의된 약속이다. 이것은 삼가야 할 부정적인 행동이나 문제에 관한 규율 이상의 것이며, 또한 잘못된 행동을 바로 잡으려는 법도 이상의 것이다. 이것은 공동체의 비전과 가치를 긍정하는 것이며, 그 비전과 가치를 구현하는 긍정적 행동을 권장하는 것이다.
- 이러한 인간관계 계약들은 공동체의 탄생과 양육에 매우 중요하다.
- 교회의 설립 목적이 그리스도의 몸으로서의 공동체 탄생이라면 교회 내의 계약을 만들고 이를 실행하는 것은 다른 어떤 결정 사항보다 중요하다. 이런 계약이 존재할 때, 갈등이 생기더라도 건설적으로 대처하게 된다.
- 모든 공동체에는 회원들을 어떻게 대해야 하는가에 대한 서로 모순되는 불문율이 종종 존재한다. 불문율이기 때문에 공동체에 문제가 생겼을 때 공동체에 공공연히 알리고, 공동체로서 대처를 해나가는 데 도움이 되지 못하며, 모순되기 때문에 갈등을 야기시킨다. 문제가 생기면, 정식 회의가 끝난 후 교회 주차장이나, 전화 혹은 이메일 혹은 비밀스러운 모임에서 은밀하게 다루어진다. 이 모든 것들은 솔직하고 직접적인 대화를 방해하는 것이다. 사태에 대한 올바른 이해와 회원 각자의 좋은 의도를 투명하게 전달하기 위해서는 솔직하고 직접적인 대화가 절실히 요구된다.
- 그러므로 회원 상호간의 합의된 관계 계약 사항을 설정하는 것이 파괴적인 갈등을 방지하는 데 제일 급선무이다.

네 마음을 다하고 목숨을 다하고 뜻을 다하고 힘을 다하여 주 너희 하나님을 사랑하라…
네 이웃을 네 몸과 같이 사랑하라. 이에서 더 큰 계명이 없느니라.(막 12:30-31)

회의에서 다루어진 사항은 회의장 밖으로 퍼져 나가서는 안 된다. 회의에서 다루어진 개인 신상에 관한 정보는 신변상의 안전에 관한 경우를 제외하고는 회원 간의 비밀로 지켜져야 한다.

말할 때는 예의를 갖추어서 말하라.
발언권표가 있을 때에만 말하라.
자기 말만 하라.
구체적으로 말하라.
대화를 유도하는 식으로 말하라.
간단명료히 핵심만 말하라.

들을 때에는 예의를 갖추고 들어라.
이해를 하고자 귀담아 들어라.
마음 문을 열고 얘기를 듣고,
내 마음의 변화를 기대하라.

여럿이 둘러앉아 있는 모임(서클)에 머물러 있으라.
회원들이 문제에 대한 해결책을 강구하고 있을 때 끝까지 자리를 지키고 있으라는 사회자의 말을 존중하여 회의가 정식으로 끝날 때까지 자리에 남아 있을 것.

우리를 향한 당신의 사랑으로 말미암아
우리도 사랑으로 하나 되게 하소서!

함께 깊이 마셔라.
인생 최고의 경험담(peak experience), 은혜의 체험담,
바람직한 미래에 대한 꿈 등에 대해 서로 얘기하도록 유도하라.

사마리아 여자 하나가 물을 길러 왔으매, 예수께서 물을 좀 달라 하시니… 여자가 가로되, 주여 물을 길을 그릇도 없고 이 우물은 깊은데 어디서 이 생수를 얻겠삽나이까? …예수께서 가라사대, 이 물을 먹는 자마다 다시 목마르려니와 내가 주는 물을 먹는 자는 영원히 목마르지 아니하리니 나의 주는 물은 그 속에서 영생하도록 솟아나는 샘물이 되리라.(요 4:7, 11, 13-14)

◎ 최고의 경험을 나누다 보면 앞으로 전진할 힘이 생긴다.

- 긍정적 경험담 혹은 '은혜 받은 체험담' 등을 기억하고 나누도록 하라.
- 처음부터 부정적인 얘기나 문제 해결을 시도하기보다 긍정적이고 은혜 받은 얘기를 나누며 얘기를 시작하는 게 낫다. 그런 얘길 나누다 보면, 문제에 보다 수월하고 건설적인 태도로 접근하게 된다.
- 각자 자기의 인생 경험의 깊은 샘물에서 무엇이 삶의 원동력을 주었는지 얘기하게 한다.
- 이런 이야기들이 공동의 샘물 즉, 모두를 위한 힘과 지혜의 근원이 되게 한다. 우리는 개인이건 집단이건 우리가 관심을 집중하는 데로 이끌려 가는 경향이 있다. 그 관심의 초점이 긍정적 혹은 부정적이건 간에.
- 이런 긍정적인 이야기들을 기초로 힘을 모아 가라. 우리가 이미 알고 체험하여 감사한 일들에서 시작하라. 그렇게 하는 것이 이상적인 개인, 이상적인 공동체에 대한 추상적인 이론보다 더 생산적이다.
- 갈등이 있을 경우, 긍정적인 이야기들에서 흐르는 공동의 주체에 연결하여 해결해 나가라.

◎ 모두에게 꿈을 꿀 자유를 주라.

- 이 모임 시간 중 꿈꾸기 즉, 미래를 위한 희망에 대해 얘기할 기회를 주라.
- 미래를 향한 희망과 비전을 얘기함으로 공동체의 공동 샘물을 확대할 수 있으며, 앞을 향한 더욱 힘찬 추진력이 생기게 된다.
- 꿈과 희망을 함께 나눔으로 회원 상호간에 어떤 것을 좋아하며, 어떤 것을 중요하게 생각하며, 어떤 것을 바라는지를 알게 되는 계기가 된다.
- 갈등을 겪고 있는 당사자들이라 해도 그들의 긍정적인 경험담에 바탕을 둔 바람직한 미래의 꿈을 구현하기 위해 함께 의논하다 보면 종종 공감대가 형성되기도 한다.
- 꿈꾸는 것은 창의성과 기술 혁신을 고무하며, '기발한 아이디어'로 문제를 해결하게 한다.

◎ 이 과정에서 제일 중요한 도구는 긍정적인, 열린 질문을 하는 것이다.

- 사람들로부터 긍정적인 체험담과 미래에 대한 꿈, 그리고 건설적인 반향을 이끌어 낼 수 있는 질문들을 생각해 내라. 예를 들면, "오늘 무슨 문제를 가지고 이 모임에 왔습

- 니까?'라는 질문보다 '오늘 이 모임을 통해 이루고자 하는 당신의 희망은 무엇입니까?' 가 더 좋은 질문이다.
- 긍정적인 질문은 일이 잘 풀려나가게 하는 추진력을 가지게 한다. 예를 들면, '당신이 오늘 모임에서 거는 희망이 이루어진다면, 우리 세계, 우리 공동체, 우리 관계가 어떻게 향상될 것 같습니까?'
- 갈등 속에서 은혜 체험의 순간을 기억하고 나아가 바람직한 미래에 대한 꿈을 창출해 내는 거룩한 공간에 머물 때 중요한 질문은 언제나, '하나님의 사랑은 우리가 어떤 사람이 되고, 무엇을 하기를 원하실까요?' 하는 것이다.

내가 인간 탐구를 통해 배운 것은 이상 세계를 향한 인간의 열망은 이제껏 알려진 것보다 훨씬 크다는 것이다.

우리가 볼 수 있는 지상의 갈등이 지하에 흐르고 있는 강들의 숫자보다 훨씬 작듯이, 가시적인 이상주의는 우리가 가슴 속에 품고 있는, 발휘되지 않는, 혹은 조금만 발휘된, 이상주의에 비하면 약소한 편이다. 인류는 억제된 매듭을 풀고, 엄청난 지하수를 지표면으로 끌어 올릴 그런 사람들을 기대하고 고대하고 있다는 것이다.

-알버트 슈바이처-

우리 각자 안에 그리고 우리 공동체 안에 있는
최선의 것을 존중하게 하소서!

흘러넘치게 하라!
자기 입장만 내세우지 말고, 상호협조를 통해 무엇을 이룰 수 있는지에 초점을 맞추고
보복이 아니라 관계의 회복에 초점을 맞추어,
상처를 치유하고, 잘못에 대한 책임을 기꺼이 지고,
나아가 새로운 관계를 형성해 가도록 하라.

◎ 문제를 해결하기 위해서는 자기 입장만을 고집할 게 아니라, 피차간의 요구 사항과 희망 사항을 열거하고 이를 성취하기 위한 방안들을 살펴본 후, 합의 사항에 이르도록 해야 한다.

- '문제'란 의견 차에서 오는 것으로 가령 현대식 예배 스타일과 전통 보수파의 예배 스타일을 고집하는 사람들 사이에서 생기는 의견 차의 경우를 생각해 볼 수 있다. 이런 의견 대립에는 아래에서 다루게 되듯이, 상처의 이슈가 포함된다.
- 과거에 최고로 좋았던 경험담과 바람직한 미래에 대한 희망 사항에 대해 얘기하다 보면 현재의 문제들이 눈 녹듯이 해결되는 수가 있다. 그러나 문제가 그대로 있으면, 이 문제들을 거론할 필요가 있다. 어떤 경우에는 문제들이 너무 감정적으로 격화되어 있어, 이 문제들을 거론한 후, 은혜 충만한 얘기들로 옮겨가야 한다.
- 자기 입장 내세우기에서 공동의 희망 사항으로 초점을 옮기라.
  - 입장이란 문제의 해결책이라 믿는 고집인데, 이런 고집 때문에 문제가 난국에 빠지거나 설사 타협이 된다 해도 모든 사람의 요구와 희망이 반영된 창조적인 해결책이 되기는 어렵다.
  - 입장이란 깊은 문제나, 요구 사항 혹은 희망 사항에 대한 해결책을 제시하기도 한다.
  - 어떤 사람의 입장이나 그 사람 자체를 비난하는 일, 혹은 그 사람의 입장을 철회하고, 억지로 당사자들 간에 타협을 시키려는 일 등은 잘못하면 사태를 악화시킬 수 있다. 자기 입장을 내세우는 사람들을 비난하기보다 요구 사항, 희망 사항에 초점을 맞추어 보라
  - 열린 질문을 통해 심리 근저에 깔려 있는 요구 사항과 희망 사항에 대한 많은 정보를 얻게 된다.
  - 대화를 통해 쌍방간에 상당 부분의 동일한 요구·희망 사항이 있음을 깨닫게 된다.
  - 모든 요구 사항, 희망 사항 혹은 이슈들을 열거하라.
  - 쌍방간의 요구 사항, 희망 사항을 성취키 위해 함께 할 수 있는 일들이 무엇인가?
- 이런 희망 사항을 이루기 위해 할 수 있는 일들을 열거해 보라.
  - 생각할 수 있는 최대한의 해결책들을 열거해 보라. 이때 비판은 금물.
  - 모든 기발한 아이디어들을 다 적어 볼 것. 일체의 비평 없이.

- 제안된 해결책들의 실현 가능성을 타진해 볼 것
  - 모든 해결책에서 긍정적인 요소와 부정적인 요소를 살펴볼 것
  - 제안된 해결책들 중 어느 것이 쌍방간의 희망 사항을 최대한으로 만족시켜 주는 해결책인지를 결정할 것

- 합의에 도달할 것
  - 쌍방간에 합의하는 바를 조목조목 요약하여 적어 볼 것
  - 모든 참가자들이 그 합의 사항에 동의함을 확인할 것
  - 그 합의 사항을 문서로 적어 남겨둘 것. 합의가 이루어지지 않은 부분에 대해서는, 어느 부분까지는 동의했으나, 나머지 부분은 '계속 논의 중'이라고 문서화하여 기록해 남겨 놓을 것

삭개오라 이름하는 자가 있으니… 예수께서 그곳에 이르사 우러러 보시고 이르시되 삭개오야 속히 내려오라 내가 오늘 네 집에 유하여야 하겠다 하시니…. 삭개오가 서서 주께 여짜오되 주여 보시옵소서 내 소유의 절반을 가난한 자들에게 주겠사오며 만일 뉘 것을 토색한 일이 있으면 사 배나 갚겠나이다 예수께서 이르시되 오늘 구원이 이 집에 이르렀도다.

(눅 19:2-10)

◎ 상처를 논함에 있어서는 상처의 치유와 아울러 상처를 입힌데 대한 책임을 기꺼이 짐으로 새로운 관계를 회복하는 데 초점을 맞추어야 한다.

- 예를 들면, 여자 신도가 자기 교회 담임 목사가 성(性)적 희롱을 해왔다고 말할 경우, 여자는 피해를 입은 피해자가 될 것이고, 목사는 자기 나름의 입장을 가지고 변명을 할 것이나, 초점을 피해의 복구에 맞추어져야 한다.
- 현재의 사법 체제는 처벌 위주의 정의 구현이다. 처벌을 통한 정의는 먼저 비난할만한 대상(죄)을 찾아 응징(처벌)하는 것이다. 이 과정은 두 적대 관계에 있는 사람들 사이의 대결로 특징지어 지는데, 결과는 한쪽은 이기고, 한쪽은 지게 된다.
- 현대의 관계 회복 정의 운동(restorative justice movement)에서 이해하고 있는 성서적인 정의는 사람과 관계에 상처를 입힌 해악, 위반 행위에 초점을 맞춘다. 이때 정의의

목적은 손해 배상 의무를 결정하고, 필요 조치를 이행하게 한 후 상처에 대한 치유를 도모케 한다. 정의를 구현하는 과정은 피해자, 가해자, 그리고 커뮤니티가 함께 연합하여 각자가 분담할 사항 결정, 해결책 강구 그리고 모든 사람들의 진정한 치유를 위해 함께 노력하는 것이다.(져얼)

- '관계 회복 정의'에서는 먼저 피해자의 피해에 초점을 맞추고 어떻게 하면 피해를 최대한도로, 구체적 그리고 상징적으로 복구할 수 있을까에 초점을 맞춘다. 이것은 가해자의 피해자에 대한 손해 배상 책임을 강조하는 것을 포함한다. 처벌은 종종 가해자가 책임을 지게 하는데 오히려 역효과를 낳게 한다. 책임을 지는 것은 가해자 측에서 피해자가 당한 피해를 생각해 보고, 피해 배상 책임을 짐으로 구체적 그리고 상징적으로 관계를 복구하기 위해 최선을 다함을 뜻한다.(져얼)
- '관계 회복 정의'에서는 커뮤니티가 상처를 치유하고 가해자가 책임을 자발적으로 지도록 지원하는 역할을 한다. 커뮤니티는 또한 이러한 불행이 생긴 데 대한 스스로의 책임을 돌아보며, 피해자와 가해자가 공히 사회의 일원으로 회복되길 위해 노력을 보탠다. '관계 회복 정의'는 공동체의 유대감 형성을 목적으로 하는 것이다.

뉴질랜드에서 한 젊은이의 문제를 놓고 회의가 열렸는데, 이 젊은이는 남의 차를 훔쳐 훼손해 놓고, 차 안에 있는 중요한 물품들을 훔친 죄를 범한 사람이었다. 이 회의에서 피해자들은 자신들의 피해 상황에 대해서 말했으며, 이 젊은 범법자는 가족들에 의해 둘러싸여진 채, 조용히 듣고 있었다. 그의 할아버지는 그의 집안과 커뮤니티를 망신시켰다고 말하며, 일거리는 삼촌 죠가 줄 테니 삼촌 가게에서 일을 해서 돈을 모아 피해자들에게 피해 배상을 해주라고 했다. 할아버지는 손자가 가족들과 커뮤니티에도 잘못을 회개하고, 새 사람이 될 것을 다짐해야 한다고 했다. 할아버지는 계속 말하길, "그러나 나는 아직 손자를 사랑하며, 손자가 새 사람이 되는데 노력을 아끼지 않겠다."고 했다. 피해자들은 정당한 대우를 받았으며 피해 보상도 받았다. 그들은 사과와 아울러 실제적인… (계속)

… 피해 보상을 약속한 그 젊은이를 용서하게 되었다. 가해자는 자신이 저질렀던 범법 행위에 대해 책임을 졌던 것이다. 그 회의장을 떠날 때, 모두는 화해와 치유의 분위기를 느꼈다.

우리의 깊은 요구 사항과 희망 사항을 이해하게 하시고
상처와 해악을 치유하게 하소서!

함께 화해와 평화(well)를 이뤄가자.
치유가 친교를 위한 각 단계들을 즐겁게 밟아가자.
기도하는 마음으로, 집요하게, 인내심을 갖고서.

◎ 관계의 회복을 통한 거룩함은 치유와 친교의 축제로 이어진다.

- 하나님이 우리에게 거듭거듭 보여 주셨듯이, 깨어진 관계는 치유될 수 있으며, 친교는 회복되고 강화될 수 있다.
- 성령이 그러한 치유와 친교로 우리를 부단히 이끌려고 역사하고 있다.
- 이 역사는 우리를 통해서만이 이룩될 수 있다.
- 우리는 우리의 감사 제물을 제단에 놓고(우리를 위해 하나님이 베풀어 주신 은혜에 대한 감사의 표현으로) 우리와 관계가 틀어진 사람들과 화해하기 위해 노력함으로 이 역사를 시작할 수 있다.
- 아모스가 말했듯이, 우리가 정의와 샬롬: 올바른 관계, 정당한 평화(justpeace)를 추구하지 않으면, 하나님은 우리의 감사 제물을 받으시지 않는다.(아모스 5:21-24)
- 관계의 회복은 공동체적인 노력을 요한다.
- 우리 사회의 건강함과 온전성은 우리 사회의 가장 열악한 환경에 있는 밑바닥 인생들을 어떻게 보살피고 그들과 어떤 관계를 맺느냐에 달려 있다.
- 우리 모두가 함께 온전해져야 우리 개인도 진정으로 온전해질 수 있다.
- 우리가 깨어진 관계를 회복하고, 모든 만물들이 올바른 관계를 갖도록 하는데 힘을 함께 모은다면, 우리는 진정한 화해의 친교를 체험하게 될 것이며, 더 넓은 공동체에 좋은 모델이 될 수 있을 것이다.

진실과 화해의 사람이 되라... 모든 일상의 일거수일투족에서 진실과 화해의 정신이 베어 나오는 그런 사람이 되라.

첫째로, 진실한 사람이 되라.

자기 안의 회의(懷疑)와 상처(傷處)에 대해 진실하라.

인종 문제와 성(性) 차별에 대해 진실하라.

돈과 권력에 대해 진실하라.

사랑과 지혜의 부족에 대해 진실하라.

우리를 자유케 하는 진리, 우리에게 자신을 주시는 하나님, 또 자신을 헌신하는 커뮤니티에 대해 진실하라.

잃는 것이 얻는 것이요, 간직하는 것이 곧 잃는 것이며, 비움이 곧 채움에의 유일한 길이란 진리에 진실하라.

용서의 가능함을 믿고 이에 진실하라.

그리고 난 후에야 비로소 화해를 추구하라.

진실을 말함으로써, 구체적인 상황에서 화해가 시작되며, 화해는 치유를 낳고, 화해는 과거를 극복하고, 새로운 미래를 껴안게 하나니….

-월트 부르쥐만-

◎ **치유와 친교에의 각 단계를 기쁘게 순례해야 한다.**

- 이것은 힘든 일이다. 치유와 화해의 친교는 성취하기 어려운 과업이다. 우리는 종종 실패한다.
- 이 거룩한 친교에의 목표에 다다르는 각 단계들을 즐겁게 순례해야 한다.
- 야곱의 순례를 묵상해 보라. 처음에는 라반과의 만남 그리고 에서와의 만남(창세기 29:13-31:54)
- 야곱과 라반은 갈등이 생길 이유가 있었다. 야곱은 결국 라반 집에서 야반도주를 했다. 라반이 쫓아갔다. 폭력이 불가피해 보였다. 폭력 대신에, 야곱과 라반은 서로를 위해 안전지대를 만드는 데 동의했다. 그들은 두 기둥을 세웠다. 각자 자신의 신(神)을 위하여, 이 기둥들이 우주 전체를 포함하는 안전지대를 위한 중심 역할을 했다. 비록 포옹과 화해는 없었지만, 안전지대 설립에 동의함으로 중요한 단계를 성취했던 것이다.

- 야곱의 여정이 계속되자, 이제 에서를 만날 차례가 되었는데 야곱은 에서에게 맞아 죽을 생각에 두려움으로 떨고 있었다. 예상 밖에 에서는 야곱을 포옹과 진정한 친교와 화해로 맞아 주었다.
- 신체적, 정신적 폭력에서 한 발짝 벗어나, 화해로 향하는 각 단계들은 축하하고 기뻐할 이유가 된다.

그러므로 예물을 제단에 드리다가 거기서 네 형제에게 원망 들을만한 일이 있는 줄 생각나거든 예물을 제단 앞에 두고 먼저 가서 형제와 화목하고 그 후에 와서 예물을 드리라.(마태복음 5:23-24)

◎ 기도하는 마음으로

- 성령이 우리를 통해 일하실 때에만 우리는 이 일을 해낼 수 있다.
- 우리는 성령의 인도하심과 힘주심을 위해 기도하는 마음으로 열려 있어야 한다.

◎ 집요하게

- 십자가에서의 죽음이 끝이 아니라, 부활이 있다.
- 모든 만물 중 우리를 하나님의 사랑으로부터 끊을 자가 없다.
- 정당한 평화(justpeace)를 추구함을 포기하지 않음이 축하할 이유.
- 기적은 일어난다.

◎ 인내심을 갖고

- 사람들을 한 자리에 모이게 한 것만도 큰 성취를 이룬 것.
- '갈등 문제'를 적대 관계의 도식으로 해결하기를 조장하는 우리 사회에서, '관계 회복 운동'은 반(反)문화적인 운동.
- 당신 자신과 남에게 인내심을 갖고 대하라.
- 사랑이 있다고 해서 모든 갈등이 다 해결되지는 않는다. 사랑은 갈등이 사랑의 역사가 일어날 장(場)이 되리라 믿는다.(다니엘 데이 윌리암스)

우리의 관계가 거룩한 친교로 이끄시는 성령 안에서 열릴 수 있게,
성숙되게 하소서!

갈등이 있는 곳에 평화를!

갈등 해소를 위해 먼저 자신이 준비한 사항들

벽(wall)을 쌓지 말고, 평화의 샘물(well)을 파라.
갈등이 하나님의 창조의 한 부분이며, 갈등이 성장과 계시의 기회가 됨을 믿으라.

평화의 샘물(well)이 차오르게 하라.
예수 그리스도 안에서 성육화된 하나님의 사랑에 당신의 가슴과 머리를 열어라.
불안을 버리고, 화해를 경험하고, 화해자가 되라.

화해를 도모하기 위해 잘(well) 준비하라.
이해를 위해 귀담아 듣고, 진실을 말하되 사랑으로 말하며, 상상력을 활용하며,
용서를 먼저 베풀어라.

회복을 체험하라.(well)
용서와 치유를 체험함으로 갈등이 있는 곳에 평화를 도모하는 도구로 쓰임 받을 수 있다.

갈등 해소를 위해 타인과의 관계에 뛰어 들어라.
공동의 샘물(well)을 함께 파라.
갈등을 함께 분석하고 모두가 동참하는 공동 작업을 구상하라.

샘물(well=평화)을 공유하라.
이 모임에 참여한 모두가 공감할 만한 상호존중 계약 사항을 협정하라.

함께 깊이 마셔라.

인생 최고의 경험담(peak experience), 은혜의 체험담, 바람직한 미래에 대한 꿈 등에 대해 얘기하도록 유도하라.

흘러넘치게 하라.
자기 입장만 내세우지 말고, 상호 협조를 통해 무엇을 이룰 수 있는지에 대한 초점을 맞추고 보복이 아니라 관계의 회복에 초점을 맞추어, 상처를 치유하고, 잘못에 대한 책임을 기꺼이 지며, 나아가 새로운 관계를 형성해 가도록 하라.

함께 화해와 평화(well)를 이루어 가자.
치유와 친교를 위한 각 단계들을 즐겁게 밟아가자.
기도하는 마음으로, 집요하게, 인내심을 갖고서.

토의과제

(1) 환자 가족 관계에서 갈등이 있으면 어떻게 극복하고 화해할 수 있을까?

(2) 가족 관계에서 서로 용서하고 연합하며 화해를 신앙적으로 어떻게 해석할 수 있을까?

(3) 의료 기관의 각 전문가들이 겪고 있는 갈등의 원인을 규명하고 상호 존중하며 협력 방안을 논의해 보자.

Chapter 3

NLP Coaching

김준경: 사회사업학 박사
남서울대학교 교수

1. 코칭이란?

1) 코칭의 기원과 국제적 코칭 기관

코치(coach)의 어원은 헝가리의 도시 코치(kocs)에서 개발된 네 마리의 말이 끄는 마차에서 유래한다. 전 유럽으로 퍼진 이 마차는 콕시(kocsi) 또는 콕지(kotdzi)라는 명칭으로 불렸으며 영어로는 코치(coach)다. 코치는 훈련(training)의 어원인 기차(train)와 대비하여 코칭(coaching)의 특성을 잘 설명한다. 커치(coach)는 현재 승객이 있는 지점에서 출발하여 원하는 목적지까지 데려다 주는 개별 서비스인 데 반해 훈련(train)은 승객이 역까지 가서 승차한 후 다른 사람들과 함께 같은 속도와 경로로 정해진 종착지에서 하차해야 하는 집단 서비스이다. 즉, 코칭은 코치가 목표를 정하고 끌어가는 것이 아니라, 코치이(caachee, 코칭대상자, 코칭받는 사람)가 스스로 목표를 정하고 그 목표를 성취할 수 있도록 코치가 지지하는 과정이다.

오늘날 코칭은 스포츠 코칭에서부터 비즈니스 코칭, 가족관계 코칭, 연설 및 발표 코칭, 비즈니스코칭, 기업코칭, 임원코칭, 라이프 코칭, 금융코칭, 머니코칭 등에 이르기 까지 다양한 형태로 발전되어 왔다. 코칭은 일대일 차원에서 이루어질 수도 있지만 집단으로 이루어질 수도 있다. 그리고 직접 면 대 면으로 이루어질 수도 있지만 전화, e-mail이나 우편, 인터넷, 채팅 등과 같은 방법으로 이루어질 수도 있다.

오늘날 코칭은 결과를 이룩하고자 하는데 초점을 둔 많은 인간개발 분야에 종사하는 많은 전문가들에 의해 발전되는 학문 분야이다. 그러나 아직은 독자적인 전문 분야로서의 코칭의 연륜은 짧다.

코칭이란 두 사람 즉 코치와 고객 간에서 발전적으로 이루어지는 지속적 상호작용으로서 고객이 자신의 능력을 개발하고 삶의 목표와 목적을 달성하며 궁극적으로 성공적인 결과를 산출할 수 있도록 돕는 것이다.

NLP코치는 언어 및 비언어적 커뮤니케이션을 통하여 변화를 촉진한다. 여기서 사용될 수 있는 기법으로는 질문, 반영하기, 설명하기, 메타포, 과제부여, 초점 이끌기(guiding focus), 실습 등이 있을 수 있다.

NLP코치는 변화를 창조 및 촉진하고 의미 있는 질문을 던지고 훈련하며, 동기부여를 하고 통찰을 창조하며, 설명하고 과제부여를 하며 도전하고 자극을 주며, 자원하며 자기표현을 격려한다.

2) 왜 코칭인가?

- 궁극적으로 모든 회사의 성공은 각 종사원의 수행능력이나 성과에 달려 있다. 인간의 수행 능력이나 성과를 대신할 수 있는 것은 없다.
- 개인의 수행능력과 성과가 클수록 더 많은 월급을 받을 수 있고 더 크게 성공하고 더 큰 보상을 받을 수도 있다.
- 코칭은 개인뿐만 아니라 조직의 성공을 위해 필수적인 것이다.
- 코칭은 개인에게서 최선의 것을 끌어내며, 팀 안에서 그리고 궁극적으로는 전체 조직 내에서 한 개인으로서 이미 획득한 스킬을 정교화하고 완벽하게 한다.
- 코칭은 전문가와 차세대 리더의 성장과 발전을 도울 수 있다. 그리고 생산성을 높이고 작업만족도와 작업수명을 개선하는 일에 큰 도움을 줄 수 있다.
- 정서적 안녕, 정서문제에 대한 인식, 그 문제를 잘 다룰 수 있는 능력은 진로의 문제, 직업적 성공과 실패, 성취에 있어서 큰 차이를 만들어낼 수 있다.
- 정서적 조화와 긍정적 정서는 보다 생산적이고 자원 충만한(resouceful) 삶을 살 수 있는 능력과 직결되는 것이다.
- 코칭은 개별성에 초점을 둔다. 다시 말해서 고객으로 하여금 자신의 문제를 해결하는데 필요한 자신에게 맞는 최선의 선택을 할 수 있도록 하며, 그가 자신의 상사, 고객들과 어떻게 효과적으로 관계할지에 대해서, 개인적으로나 팀 차원에서 어떻게 효과적으로 일을 할 수 있을지에 대해서, 그리고 궁극적으로 자기개발을 어떻게 잘 할 수 있을지에 대해서 그에게 맞는 도움을 준다.
- 사람들은 기본적으로 자기가 한 일에 대해서 보상을 받기 마련이다. 그러나 지위가 높아질수록, 현장에서 하는 일은 줄어든다. 특히 비즈니스에 있어서는 그러하다. 그래서 비즈니스 세계에서 고액봉급자들은 주로 조직운영과 관련한 창조적 사고를 하고 조직운영을 책임을 지는 사람들이 된다.

3) 코칭의 주요 목표

① 낮은 수행능력을 극복시킨다.
② 수행능력을 증진시킨다.
③ 미래의 수행능력을 키운다.

구체적으로 코칭은 다음과 같은 목표나 목적 달성이나 문제해결을 위하여 필요하다고 정리할 수 있을 것이다.

변화의 문제, 분노관리, 경력개발, 지위의 변화, 정서 커뮤니케이션의 문제, 일반적 커뮤니케이션의 문제, 회사 및 개인적 차원의 지위 구축의 문제, 갈등의 해결, 문화적 차이 문제해결, 의사결정의 문제, 정서지능, 직무불만족의 문제, 언어 능력, 리더쉽 능력, 학습의 문제, 탁월성 증진의 문제, 동기부여, 협상기술 향상, 긴장해소, 조직의 문제, 수행능력 향상, 프리젠테이션 기술 향상, 인간관계 문제, 역할문제, 자기존중감 문제, 사회성 기술 향상, 무대공포 문제, 부정적 정서 문제, 스트레스 관리, 시험불안, 시간관리 문제 등…….

4) 성공적인 NLP Coaching의 요인

① NLP코치는 인내심을 가져야 하며 내성이 강하고 편견이 없어야 한다. 그리고 고객의 실수를 학습의 기회로 활용할 수 있어야 한다.
② NLP코치는 고객이 자신의 목적을 잘 달성했을 때 충분한 보상과 함께 그의 성취를 강화하고 지원해야 한다.
③ NLP코치는 우리는 항구적인 발전의 과정에 있으며 그러한 과정은 끝이 없다는 사실을 학습하고 있다는 점을 이해하고 강조한다.
④ NLP코치는 고객과의 성공적인 관계를 구축하는 것, 즉 라포야말로 아주 중요하다는 점을 이해한다. 이 관계는 정직성, 개방된 커뮤니케이션, 피드백, 성과에 대한 각자의 책임성에 기초하여 이루어진다.
⑤ NLP코치는 코칭을 당면 목표나 목적과는 별개로 전체적으로 고객의 자신감, 능력, 자기통제 능력과 같은 것을 성장시키도록 돕는 것이 궁극적으로 더 중요하다는 사실을 인식한다.
⑥ NLP코칭에서는 고객을 고유한 인격체로 발전시키는 것을 중요하게 생각한다.

⑦ NLP코치는 고객에 대한 코치의 긍정적인 인식을 중요시한다. 코치가 고객의 성공에 대해서 확신하지 못한다면 고객은 성공하기 어렵다.
⑧ NLP코치는 어떤 고객도 자신의 성과를 성공적으로 달성할 수 있다는 사실을 분명하게 믿으며 만약 그렇게 믿지 못한다면 그를 다른 전문가에게 의뢰해야 할 것이다.
⑨ NLP코치는 이러한 코치와 고객의 관계는 협동적 관계라는 사실과 코칭 성고에 대한 책임은 두 사람 모두에게 공동으로 돌아간다는 점을 이해한다.
⑩ NLP코치는 고객을 돕는 과정에서 성과나 발전의 정도에 있어서 개인차가 있음을 이해하고 받아들인다. 다시 말해서 개인적 특성 즉, 성장배경, 성격, 행동성향, 직업과 같은 특성에 따라서 고객의 목표 성취를 향한 진전 정도는 차이가 있다. 따라서 코칭에 있어서는 특정 행동 자체에 초점을 둘 것이 아니라 맥락적 관점에서 특정 행동을 이해하고 그러한 차원에서 문제 해결 내지 목표달성을 위한 노력을 해야 할 것이다.
⑪ NLP코치는 즉각적 피드백과 지연적 피드백의 중요성을 잘 알고 이 두 가지를 적절하게 사용한다. 그래서 고객의 행동에 따라서 그에게 즉각적 피드백이나 지연적 피드백을 필요에 따라 선별하여 활용할 것이며 궁극적으로는 고객이 가장 크게 발전할 수 있도록 초점을 맞추어 그에 따른 피드백을 한다.
⑫ NLP코치는 가장 주요한 코칭 도구가 곧 책무성, 분명한 목표설정 및 목표로의 집중과 같은 것임을 안다.
⑬ 과제부여(tasking)는 지극히 중요한 도구이다. 과제부여는 경험에 가치를 부여하는 효과적인 방법이다.
* 과제가 어려울수록 보다 많은 참가자들이 그 과제를 호의적으로 평가한다.
* 마찬가지로 과제가 비싼 것일수록 좋다.
* 주제가 모호하고 복잡할수록 그것은 더 심오한 것일 수 있다.
⑭ 과제의 양이 중요한 것이 아니라 고객의 노력의 양이 중요하다. 그리고 쉽게 성공을 이룩하도록 하기 보다는 성공을 위하여 노력할 수밖에 없도록 하는 것이 더 중요하다.

2. NLP란 무엇인가?

NLP(Neuro Linguistic Programming)란 오감을 통해 외부 정보를 받아들이고 경험하는 인간의 경험구조를 이해하고, 그런 구조를 변화시키는 방법을 체계적이고 과학적으로 전개한 이론이며 기법이다(O'Connor & Seymour, 2002). NLP는 신경학(Neurolgh), 언어학(Linguistics), 프로그래밍(Programming)의 약자로서, 인간이 각각의 독특한 방식으로 높은 잠재력을 향해 끊임없이 움직이는 의식과 무의식 패턴의 설계과정이며, 사고, 언어, 행동 패턴을 연구한다. Neuro는 신경을 의미하며 인간의 사고 패턴(thinking patterns)의 자각과 이들 사고 패턴이 인간의 생활에 어떤 영향을 미치는지에 관심을 둔다. 또한 개인의 성취의 근본적 원천은 개인의 내부에 있으며 인간 내부 자원을 어떻게 활용할 것인가를 학습한다. N은 신경(neuro)을 말하지만 우리의 마음을 지칭하기도 한다. 이것은 인간의 모든 행동은 신경적 기반을 가지고 있다는 것을 의미하며, 시각, 청각, 후각, 촉각, 미각을 느끼는 오감의 기능이 외부로부터 정보를 받아들이고 그것에 의미를 부여하며 또 그 의미에 따라 행동하는 것이다. Linguistic은 언어를 의미하는데, 인간의 생활이며, 인간의 생각 및 행동과 연결된 언어의 구조를 이해하고, 이것이 의사소통의 능력을 향상시키는 것을 배운다. 이 언어에는 말 이외에도 비언어적인 메시지에 의한 언어도 포함된다. 이 언어는 사람의 생각과 행동을 이끌어 내고 또 타인과의 의사소통을 하는 도구로서 사용되며 인간의 사고, 신념, 태도와 같은 내면세계 또는 정신세계를 반영한다. 프로그램은 컴퓨터가 특별한 어떤 성취를 위해 프로그램을 사용하는 것과 같이, 인간도 삶의 전략을 사용하는 것을 의미한다. 이 전략을 이해하고 사용함으로써 인간의 잠재성과 탁월성을 향상시킨다. 이것은 마치 컴퓨터의 소프트웨어를 업그레이드함으로써 그의 사고, 감정, 행동이 바뀔 수 있다는 점을 말해준다(O'Connor & McDemott, 1966). NLP는 1970년대 중반 미국 심리학자인 Richard Bandler와 언어학 교수인 John Grinder에 의해 개발되었다. 그들은 뛰어난 커뮤니케이터(communicator)를 관찰하고 그것을 통해 커뮤니케이션 스킬 모델(communication skill model)을 정립했다.

1) NLP의 전제 조건

① 다른 사람들의 세상모형(model of the world)을 존중하라.

② 행동과 변화는 맥락(context)과 생태(eclogy)의 차원에서 평가되어야 한다.
③ 내담자에게서의 저항은 라포의 결핍신호이다. (저항하는 내담자는 없다. 다만 융통성 없는 커뮤니케이터(communicator)만 있다. 효과적인 커뮤니케이터는 자신에게 제시되는 모든 커뮤니케이션을 수용하고 활용한다.)
④ 사람은 행동이 아니다. 사람을 받아들이되, 행동을 변화시켜라. (죄는 미워하되 사람은 미워하지 말라. -한국속담-)
⑤ 모든 사람들은 스스로 가용(可用)할 수 있는 자원들을 갖고 있으며 할 수 있는 최선을 다하고 있다. (어떤 행동이라도 환경에 따라 적응할 수 있게 되며 현재의 행동은 가능한 최선의 선택의 결과이다. 모든 행동은 긍정적인 의도에 의해 동기화된다.
⑥ 행동을 계측(calibrate)하라. 한 사람에 대한 가장 중요한 정보는 그의 행동이다.
⑦ 지도는 영토가 아니다.
⑧ 당신은 당신의 마음을 책임지는 사람이며 아울러 결과까지도 책임을 진다.(그러므로 나도 나의 마음과 나의 결과에 책임을 진다.)
⑨ 사람들은 성공하고 바람직한 성과를 성취하기 위해서 필요로 하는 모든 자원들을 갖고 있다.
⑩ 모든 절차는 결과적으로 전체성(wholeness)에 기여해야 한다.
⑪ 다만 피드백이 있을 뿐이다. (실패는 없다. 다만 피드백만 있을 뿐이다.)
⑫ 의사소통의 의미는 당신이 받는 반응에 달려있다.
⑬ 필수적 다양성 법칙(the Law of Requisite Variety) (행동의 융통성이 있는 조직/사람이 조직을 통제할 수 있다.)
⑭ 모든 절차는 선택의 폭을 넓히는 쪽으로 이루어져야 한다.
⑮ 행동적 융통성을 가장 많이 가진 체제(사람)이 체제를 통제할 것이다.
⑯ 저항하는 내담자란 없다. 다만 융통성 없는 의사소통자가 있을 뿐이다.
⑰ 행동과 변화는 맥락과 생태의 차원에서 평가 되어야 한다.
⑱ 모든 절차는 전체성을 증가시키는 방향으로 적용되어야 한다.

2) NLP적 사고와 NLP적 질문의 힘

NLP적 사고와 NLP적 질문의 힘은 NLP를 학습하는 과정 전반에 걸쳐서 골고루 그 중요성을 되새기게 한다. 질문을 어떻게 하느냐에 따라서 제대로 된 답을 찾을 수 있고 문제 해결의 방향이 달라질 수 있다. 질문은 곧 답을 결정 짓는다고 할 수 있다. 이처럼 질문 자체가 갖는 의미와 기능이 중요하다. 여기서는 문제를 해결하는 데 도움 되는 해결중심의 질문법에 대해서 살펴보자.

미국의 동기부여가이자 성공학 전문가인 앤서니 라빈스는 자신의 명저 '네 안에 잠든 거인을 깨워라'에서 질문의 힘(power of questions)이라는 용어를 사용하였다. 예를 들어, '무엇이 잘못되었습니까?'라고 묻는다면 잘못된 것을 중심으로 생각하겠지만 '어떻게 하면 더 잘 하겠습니까?'라고 묻는다면 더 잘 할 수 있는 방법을 중심으로 생각하게 될 것이다. 이처럼 질문을 제대로 하는 것은 그래서 대단히 중요하다.

라빈스는 질문은 다음과 같은 세 가지 기능을 한다고 설명하였다.

첫째, 질문은 관심의 초점과 그에 따른 정서상태를 즉각적으로 변화시키게 된다.

질문을 어떻게 하느냐에 따라서 관심의 방향과 초점은 달라진다. 그리고 그에 따라 정서상태 또한 달라진다. 앞에서 예를 든 것처럼 '무엇이 잘 못되었습니까?'라는 질문을 받는다면 당장 잘못된 것에 집중하게 되고 동시에 잘못된 것을 생각하느라 저조한 기분 상태가 될 것이다. 반면에 '어떻게 하면 더 잘 하겠습니까?'라는 질문을 받을 때에는 더 잘 하는 쪽으로 관심을 집중하게 되면서 잘 하는 생각으로 기분이 좋아지는 경험을 할 수 있을 것이다. 그래서 질문에 따라서 관심의 초점이 바뀌고 정서상태가 즉각적으로 바뀌게 된다.

둘째, 질문은 생략하고 있는 것을 바꾼다.

우리는 동시에 모든 것에 다 관심 갖고 집중할 수 없다. 특정한 어떤 것에 관심을 두는 동안에 불가피하게 나머지 부분들은 생략하고 삭제할 수밖에 없다. 만약 여러 가지 모형의 사각형 그림들과 삼각형 세 개를 뒤섞어 놓은 그림을 보며 이 그림에서 삼각형은 몇 개가 있을까? 라고 묻는다면 이 물음에 대해서 '3개'라고 하는 것이 정답일 것이다. 하지만 이 질문을 받았을 때, 그리고 답을 찾는 동안에 우리는 의도하지는 않았지만 결국 삼각형이 아닌 나머지 도형은 보지 않거나 관심을 두지 않고 인식이나 지각의 범위에서 생략하게 된다.

그러나 역시 그 그림 속에서 사각형이 몇 개인지를 묻는 질문을 받으면 동시에 삼각형을 비롯한 다른 모양의 도형은 역시 생략하게 된다. 조금 전까지만 해도 삼각형을 찾느라 나머지 모양의 도형은 생략했었는데 새 질문을 받으면서 순간적으로 '생략하고 있는 것'이 바뀌어버렸다.

셋째, 질문은 자신에게 내재된 가능성이나 잠재성을 일깨워준다. 그래서 어떻게 질문하느냐에 따라서 그러한 가능성이나 잠재성을 일깨울 수도 있고 그렇지 못할 수도 있다. 만약 '당신의 장점이 무엇입니까?'라는 질문을 받았을 때 어떤 대답을 할 수 있을까? 당연히 자신에게 어떤 장점이 있을지를 생각하게 되고 결과적으로 이런 저런 장점이 있다고 답을 하게 될 것이다.

이 과정에서 어쩌면 잊고 있었거나 무시했던 자신의 장점에 대해서 다시 한 번 생각해보게 될 것이며 결국 그러한 장점을 확인하게 될 것이다.

반 컵 정도의 물이 들어있는 컵을 보며, 만약 '이 물 컵에는 물이 얼마나 있습니까?'라는 질문을 받는다면 사람들은 물이 있는 아래쪽에 집중하게 될 것이며 아울러 '물이 이만큼 있다'라고 대답할 것이다. 그리고 있는 물이 있어서 좋다는 느낌을 갖게 될 것이다. 하지만 '물이 얼마나 부족합니까?'라는 질문을 받는다면 물이 없는 위쪽을 바라보면서 '이만큼 부족하다'고 대답하게 되고 부족한 부분에 대해서 아쉬워하는 느낌을 갖게 될 것이다.

여기서 질문은 관심의 초점과 그에 따른 정서상태를 즉각적으로 변화시키게 된다는 사실을 한 번 더 확인하게 된다. 아울러 각 질문을 접하고 대답하는 동안에 자연적으로 그 반대의 경우에 대해서는 생각하지 않거나 생략하게 됨도 알았다. 그리고 동일한 상황에서 '물이 얼마나 있습니까?'라는 질문에 대해서는 이미 존재하는 물에 대해서 관심을 갖게 되고 그것을 찾게 된다는 사실도 알았다. 이는 결국 내재된 가능성이나 잠재성을 찾도록 하는 질문의 힘을 반영하는 예라고 하겠다.

3) 잠재의식의 힘을 활용하는 NLP

NLP는 잠재의식의 힘을 활용한다. 우리의 행동, 학습, 변화는 의식보다는 잠재의식에 의해서 이루어지는 것이 대부분이다. 우리가 어떤 행동을 할 때 그 행동을 생각하면서 의식적으로 하는 경우는 드물다. 오른발이 나갈 때 별생각 없이 나가고, 왼발이 나갈 때도 무의식적으로 나가 걸음이 이루어지듯, 우리는 일상의 대부분의 시간을 특별히 의식하지 않아도 습관적으로 행동하고 학습한다. 이것을 지배하는 것이 곧 잠재의식이다. 따라서 원하는 행동변화를 이룩하기 위해서는 잠재의식의 성격을 알고 활용하는 것이 좋다. 자석은 자기 무게의 12

배까지를 끌어올릴 수 있다고 한다. 하지만 자성을 잃으면 작은 먼지 하나라도 들지 못하게 된다. 아무런 힘을 쓰지 못하게 된다는 뜻이다. 잠재의식의 힘 또한 그렇다. 잠재의식은 마음의 세계에서 의식보다 훨씬 큰 부분을 차지하고 있으며, 흔히 수면 밑에 가라앉아 있어서 보이지 않는 부분으로 묘사되곤 한다. 잠재의식에는 사람이 뜻을 품고 생각하며 상상하는 것을 끌어당기는 힘이 있다. 그래서 무엇을 생각하느냐에 따라서 그 생각과 관련 있는 것을 끌어당겨, 생각이 현실화되도록 한다.

특히 상상할 수 있는 것에 대해서는 더욱 큰 힘을 발휘한다. '뜻이 있는 곳에 길이 있다'는 말이 있다. 진정으로 열망하는 마음으로 뜻을 세우고 그 뜻이 이루어지기를 바란다면, 그 전에는 보이지 않던 길과 방법이 끌어당김의 법칙에 따라 열리고 보이게 된다. 그것이 바로 잠재의식의 힘이다. 흔히 무의식이라고도 말하는 잠재의식의 성격을 알면 이미지트레이닝을 할 때 보다 효과적으로 접근할 수 있다. 아울러 어떻게 우리의 마음을 운용할 수 있을지에 대한 지혜를 얻을 수 있다. 따라서 잠재의식의 특성에 대해 제대로 이해할 필요가 있다.

3. 무의식의 기본 원리

　NLP에서는 잠재의식 또는 무의식을 대단히 중요시한다. NLP에서는 모든 행동, 학습, 변화는 잠재의식에서 일어난다고 믿고 있기 때문에 잠재의식을 빼면 NLP가 성립할 수 없다고 할 수 있다. 이런 차원에서 NLP는 잠재의식을 중요시하고 활용하는 최면과 공통성이 있다. 잠재의식은 무의식이라고도 하지만 그 의미상의 뉘앙스는 약간 다를 수 있다. 하지만 그 본질에서는 같은 것이라고 할 수 있다. 그렇다면 잠재의식은 무엇이며 어떤 역할을 할까? 다음에 이에 대해서 구체적으로 알아보자.

　일반적으로 인간의 마음은 의식과 무의식 또는 잠재의식으로 이루어진다. 그런데 의식의 세계는 마음의 세계에서도 아주 작은 부분을 차지한다. 의식은 현재 내가 인식하고 있는 부분이라고 할 수 있지만 용량에는 한계가 있다. 일반적으로 정신세계에 있어서 의식이 차지하는 크기는 약 10%정도밖에 되지 않는다고 한다. 그리고 그 의식의 기억의 용량은 7±2라고 한다. 이것은 작게는 5에서 많게는 9까지를 의미한다. 다시 말해서 우리가 순간적으로 기억할 수 있는 의식적 기억의 한계가 바로 5개의 항목에서 7개 항목 정도 밖에 되지 않는다는 것이다. 중요한 전화번호를 잠시 기억했다가 전화의 버턴을 누르고 난 후에 곧 그 번호를 망각해서 나중에 기억을 하려고 해도 기억되지 않아 난감했던 경험을 누구나 갖고 있을 것이다. 일반적으로 전화번호가 7자리 숫자로 이루어졌다는 것을 알면 의식의 기억용량에 대해서 좀 더 잘 이해할 수 있을 것이다. 그리고 사람들은 누구나 일상생활에서 열쇠나 책을 잃어버렸거나 이름이나 개념이 떠오르지 않았던 경험을 해보았을 것이다. 그런데 때때로 그것을 생각해 내려고 애를 쓰면 쓸수록 더 떠오르지 않는다는 경우도 있다. 그러다가 갑자기 기억이 나기도 하며 마치 우연처럼 그렇게도 찾아 헤매던 물건이 놓여있는 장소로 가게 되고 그곳에서 뜻밖에 쉽게 물건을 찾고 기뻐하기도 한다. 인간이 순간적으로 인지하여 묘사할 수 있는 모든 것은 의식적인 것으로서 간주된다. 의식상태 밖에 있는 모든 것은 잠재의식에 속한다. 이 경우 의식과 잠재의식의 경계는 계속 바뀐다. 우리에게 지금 막 의식되었던 것이 잠재의식 속으로 빠져 들어가기도 하고 반대의 경우가 일어나기도 한다. 아마도 지금 당신이 자신의 목 근육에 대해 어떻게 느끼고 있는지 생각해 볼 수 있다. 목 근육에 대해 언급함으로써 당신은 긴장되었는지 편한 상태인지 의식할 수 있다. 많은 경우 우리는 관심을 집중시킴으로써 비로소 의식을 하게 된다. 의식상태를 구조적으로 결집시킨다는 것은 결정적인 가능성이나 상황을 의식적으로 만들어 낸다는 것이다. 그럴 경우 동시에 인간적인 의식상태의 용량에는 한계가 있다는 사실을 알아야 한다. 우리 뇌의 작동방식을 컴퓨터에 비유해 볼 수 있다. 컴퓨터에서도 모든 정보들이 어느 때나 정보기억장치 속에서 처리되는 것은 아니다. 정보는 서로 다른 데이터끼리 분리 저장이 되어있다. 우리는 적절한 명령어를 통해 그때그때 필요로 하는 정보를 불러내어 활용할 수 있다. 즉 그것을 의식상태로 불러오는 것이다. 컴퓨터에서도 정확한 과제의 처리를 위해서는 '올바른' 정보들을 불러내야 한다. 우리 머릿속에 들어 있는 자료들도 그와 같이 비교될 수 있다. 어떻게 보면 최근에 새로운 자기개발 및 정신수련 프로그램, 그리고 치료적 수단으로 부각되고 있는 NLP라는 것은 자료들을 처리하도록 알맞은 지시를 내려 주는 것과 같다고 할 수 있다. 이 컴퓨터를 통해서 인간의 의식상태가 어떤 것인지 쉽게 이해할 수 있을 것이다. 그리고 컴퓨터의 은유를 통해 짐작할 수 있듯이 컴퓨터에 존재하는 용량의 한계와 마찬가지로 의식에도 용량의 한계가 있다. 한편 의식은 성격상 논리적이며 분석적이다. 그리고 도덕적·윤리적이며 이성적·합리적이기도 하다. 그렇기에 사람들은 의식적으로 어떤 행동을 할 때 이러한 의식의 성격에 어긋나는 상황에서는 행동을 잘 할 수가 없게 된다.

1) 잠재의식

앞에서도 언급했듯이 잠재의식은 무의식이라고도 불린다. 그리고 잠재의식은 현실적으로 인식하지 못하는 모든 것을 포괄한다. 우리는 지금 이 순간 의식하지 못하는 것을 '잠재의식적인 것'으로 간주한다. 비유적으로 표현하자면 잠재의식은 우리 의식의 빛으로 파악되지 않는 한 어둠 속에 놓여 있다. 사실 잠재의식의 개념과 무의식의 개념은 현실적으로는 크게 구별되지 않지만 뉘앙스에 있어서는 다소간의 차이가 있을 수 있다. 기본적으로 무의식은 '의식하지 못하는' 마음의 영역이란 의미를 갖고 있다. 따라서 의식의 개념과 정반대의 개념이라고 할 수 있다. 사실 이 무의식의 개념은 이미 100여 년 전에 프로이드 심리학에서 소개되었지만 일반적으로는 그것에 대해서 잘 알려지지 않고 있다. 그런데 실제로 우리의 일상적인 행동을 통해서 무의식은 드러나지만 우리가 그것을 잘 모르고 지나갈 뿐이다. 결국 무의식이란 우리가 현재 순간에 인식하지 못하지만 기억하고 있거나 마음속에 존재하고 있는 부분이라고 할 수 있다. 또한 이 무의식은 인식되지 못하는 부분이기에 우리가 잘 모르고 있으며 그래서 중요성을 인정하지 않는 경향이 있지만 그것은 나름대로 많은 기능을 수행한다. 정신분석학적인 입장에서의 무의식 개념은 다소 부정적인 의미를 갖는 것으로 보인다. 특히 그것은 과거의 부정적인 기억, 특히 충격적인 초기의 기억이나 경험, 그리고 반사회적이거나 비도덕적인 욕구나 충동이 억압되어 저장되는 곳이라고 여겨지는 곳으로 설명되는 경향이 있다. 그리고 무의식은 밝혀지지 않은 미지의 세계를 상징하면서 어둡고 두려운 선입견을 주는 면도 있다. 프로이드는 스승 샤르꼬(Charcot)로부터 최면을 배우고 동료이자 선배 의사인 브로이어(Breuer) 등과 함께 최면치료를 수행하는 임상경험을 통하여 현재 상태에서 의식되지 않는 무의식의 세계가 의식과는 별도로 마음속에 존재한다는 사실, 그리고 그것이 개인의 성격 형성과 정신적 병리에 큰 영향을 미친다는 사실을 인식하고 최초로 무의식에 대한 체계적인 임상적 연구를 시작하였다. 그는 그러한 무의식을 밝힘으로써 치료효과를 거둘 수 있었으며 무의식의 중요성에 근거하여 후에 자유연상, 꿈의 해석 등을 중심으로 하는 정신분석학을 창시하였다. 그는 초기에는 최면치료를 활용하였으나 크게 성공하지 못하고 결국에는 최면을 포기하고 자유연상에 대한 연구에 박차를 가하여 정신분석학을 발달시켰다. 그리고 이 과정에서 무의식의 중요성이 부각되었다. 그러나 앞서 지적한대로 프로이드는 부정적인 무의식관을 가졌다. 왜냐하면 그것은 첫째, 의식하지 못하는 미지의 마음의 세계, 둘째, 본능(id)과 관련한 부정적인 욕구가 억압된 본거지이자 심인성 질병의 근거가 된다고 여겨졌기 때문이다. 그러나 초월심리학에서의 무의식관은 기본적으로 긍정적이다. 즉 그것은 현실화되지 않고 숨겨져 있는 잠재능력의 저장소라는 차원에서 사용되는 경향이 있다. 그리고 그것은 다양한 추상적이며 초월적 능력이 잠재된 곳이기도 하다. 또한 그것은 우리의 생물학적인 생명활동을 관장하며 여러 가지의 심리적인 기능도 수행한다. 구체적으로 ESP적인 추상적 지각 및 인식과 같은 능력을 가능하게 하며 기억을 저장하고 정서나 감정을 통제하기도 한다. 아울러 모든 기억을 조직하며 모든 지각과정을 통제하며 습관적 행동을 하게 한다. 그래서 초월심리학의 영역에서는 무의식이라는 개념보다는 잠재의식이라는 개념을 더 좋아하고 즐겨 사용하는 경향이 있다. 사실 잠재의식은 부정적인 차원과 긍정적인 차원 모두에서 다루어질 수 있다. 예를 들어, 과거의 충격적인 경험으로 인해 고통을 받은 적이 있다면 그 기억은 잠재의식에 입력되어 현재의 행동과 성격에 부정적인 영향을 미칠 수 있다. 반대로 행복했던 경험들은 오히려 현재의 심리상태에 긍정적인 영향을 미칠 수 있을 것이다. 예를 들어서, 생선을 먹다가 가시가 목에 걸려서 아주 큰 고통을 겪고 심지어 병원에 입원까지 한 경험을 가진 사람은 그 후로는 생선을 아예 먹지 않을 뿐만 아니라 무심코 생선을 먹은 후에 알레르기 현상을 경험하곤 한다. 이것은 부정적으로 영향을 미친 잠재의식의 작용이라고 할 수 있다. 대부분의 알레르기 현상이 사실은 잠재의식적 기억과 관련된다고 하면 잠재의식의 작용이 의외로 큼을 알 수 있다. 어느 골목길을 지나다가 개에게 심하게 물린 적이 있었던 사람이 그 이후로는 개 자체를 두려워하거나 골목길을 가지 않으려는 행동을 보이게 되는 것도 잠재의식의 작용이다. 그리고 특정한 날이나 요일에 아주 충격적인 사건을 경험했다면 그 날짜나 그 요일이 되면 괜히 그 충격이 다시 살아나는 것 같은 마음에 그 날짜나 요일 자체를 싫어하게 되는 경우도 마찬가지이다. 그러나 사랑하는 사람과 함께 자주 다니던 음식점이나 카페에서, 로맨틱한 분위기 속에서 함께 자주 듣던 음악을 세월이 지난 후에 우연히 듣게 될 때 갑자기 로맨틱한 무드에 젖어들거나 당시의 장면을 떠올리면서 행복한 기분으로 젖어들 수 있는 것도 잠재의식의 작용이다. 뿐만 아니라 그 음식점이나 카페, 또는 그곳과 비슷한 장소를 갈 때마다 그 음악을 떠올리게 되고 옛 추억에 빠져들면서 로맨틱한 기분을 느낄 수 있는 것도 마찬가지이다. 때때로 옛날의 행복했던 모습을 담은 사진이나 앨범을 볼 때, 벽에 걸린 표창장이나 상장을 보거나 진열해 놓은 관광지에서 샀던 기념품 또는 선물들을 볼 때 행복해하고 성취감에 젖거나 자랑스러움을 느낄 수 있는 것 또한 잠재의식의 작용이라 하겠다. 그런데 이상의 예들은 잠재의식이 우리의 의지와는 상관없이 우리의 일상적인 마음 상태나 행동에 영향을 미치거나 나타나는 경우이지만, 우리는 좀 더 적극적으로 또는 의도적으로 그러한 상태나 행동이 야기될 수 있도록 할 수도 있을 것이다. 예를 들어 가곡의 가사 중에 '오가며 그 집 앞을 지나노라면…'이라는 내용이 있다. 이는 무엇을 말하는가? 즉 우리는 추억이 담긴 특정한 장소에 직접 감으로써 의도적으로 그 추억 속에 빠져들 수 있다는 것을 말해준다. 이별하여 지금은 가까이 없는 사람을 그리워하면서 그를 더 가까이 그리고 깊이 생각하기 위하여 사진을 보거나 관련 물품을 보고 만지는 경우가 그러하다. 수많은 북한 출신의 실향민들이 명절 때면 판문점의 망향단에서 함께 제사를 모심으로써, 그리고 댐에 고향 마을이 수몰되어 아무 흔적도 남아있지 않지만 고향이 그리울 때 댐으로 와서 주변을 둘러봄으로써 과거의 아름다운, 그리운 추억을 떠올릴 수 있는 것도 의도적으로 잠재의식적 마음 상태나 행동을 불러일으키는 예라고 할 수 있다. 외로움이나 불안, 스트레스를 경험할 때 우연히 담배를 피거나 음악을 들음으로써 조금이라도 그러한 심리 상태에서 벗어날 수 있었던 사람은 그 다음에도 그와 비슷한 심리 상태를 경험할 때 의도적으로 담배를 피거나 음악을 듣게 된다. 그리고 이러한 일이 반복될 때 흡연을 하거나 음악을 듣는 습관으로 발전할 수 있는 것도 잠재의식의 작용이다. 그리고 같은 심리 상태 하에서 손가락을 빨거나 손톱을 물어뜯는 아이의 습관, 군것질을 하거나 정도 이상으로 과식하는 습관도 모두 같은 원리로 작용하는 잠재의식적인 행동이다. 이처럼 잠재의식이 우리의 심리 상태나 일상적 행동, 그리고 심지어 습관을 지배하는 정도가 크다면, 우리가 그 잠재의식을 제대로 이해하고 통제할 수 능력을 갖는 것은 중요한 일이다. 뿐만 아니라 오히려 잠재의식을 적극적으로 활용함으로써 원치 않는 마음 상태와 행동, 습관을 멀리하고 원하거나 바라는 것을 갖거나 창조할 수 있지 않을까? 그리고 그러한 잠재의식을 이해하고 잘 통제할 수 있다면 잠재의식적인 측면에서 이루어지는 우리의 인간관계를 보다 효과적인 것으로 만들고, 잠재의식적으로 이루어지는 목표 달성 행동을 보다 효과적으로 할 수 있을 것이다. 그럼에도 불구하고 아쉽게도 잠재의식에 대해서 제대로 교육받거나 훈련받을 수 있는 기회가 적다. 앞에서 의식의 용량의 한계에 대해서 설명을 했지만 잠재의식의 경우는 그 용량뿐만 아니라 기능에 있어서 의식에 비교할 수 없을 만큼 엄청나게 많고 크다. 그러므로 잠재의식에 대해서 제대로 이해하고 활용할 수 있어야 할 것이다.

2) 잠재의식의 특징

① 잠재의식은 존재한다

모든 인간은 의식 외에 넓고 본질적인 심리영역을 가지고 있다. 우리는 그것을 잠재의식이라고 부른다. 예를들어 우리는 잠재의식의 존재를 꿈이나 명상 또는 최면상태를 통해 예감할 수 있고 더러는 직접 감지할 수도 있다.

② 잠재의식은 큰 힘을 가지고 있다

예를 들자면 공포를 통해서나 신체적인 병의 징후 등을 통해서 나타날 때 말이다. 그렇기 때문에 우리가 어떤 일을 이성적으로는 매우 원하고 있지만 알 수 없는 불안이 그것을 방해할 수 있다. 흔히 이런 잠재의식적인 행위방식에 대해 의식은 달가워하지 않는다. 그에 반해 의식이 잠재의식과 일치를 보이는 경우는 매우 드물다. 그렇기에 진정한 변화나 치료적 효과를 위해서는 잠재의식을 알고 활용해야 한다.

③ 잠재의식은 자기치유과정을 마련해 놓고 있다

이 명제는 인간 내부의 잠재의식적인 능력들이 스스로를 조절하며 활동한다는 가정에서 출발한다. 예를 들면 치료나 회복이 가능하도록 해 주고 전체적인(생리적인) 기능의 활성화와 자기실현에 영향력을 행사하기 위해 잠재의식은 스스로 자신을 조절하면서 활동을 한다는 것이다.

④ 잠재의식 내부에서는 여러 분아(分我: part)들이 함께 작용하고 있다

잠재의식 내부에는 여러 상이한 분아들이 활동하고 있다는 것을 의미한다. 이 분아들은 함께 작용을 하기는 하지만 하나의 통일체로서 융화되어 버리는 것이 아니라 각각의 상황에 따라 독립성을 유지하고 있다. 한때 유명 대중 가수가 히트시킨 노래 중에 "내 속엔 내가 너무도 많아 당신의 쉴 곳 없네."라는 가사로 시작되는 유행가가 있었다. 여기서 '내 속엔 내'가 바로 분아에 해당한다. 이러한 분아들은 많은 경우에 서로 갈등을 빚기에 행동의 통일이 이루어지지 않거나 진정한 변화나 치료가 일어나지 않는다. 그러므로 분아간의 통일이나 조화가 대단히 중요하다.

⑤ 각 분아는 기본적으로 긍정적인 의도를 추구하고 있다

이러한 입장은 우리 내면에 들어 있는 여러 분아 또는 여러 경향과의 관계를 유지하는 데 있어 유화적인 태도를 요구한다. 이러한 유화적인 태도는 우리가 그 결과에 바로 동감하지 않을 때라도 역시 원칙적으로는 긍정적인 의도로서 받아들인다. 이러한 태도는 다른 이들과 개방적이며 예의 바르게 교제할 수 있도록 이끌어 준다. NLP의 작업 가운데 행위방식의 의도나 유용성을 규명해 주는 이런 전제는 우리를 격려하며 자극한다.

⑥ 잠재의식은 의식에 협조할 준비가 되어 있다

잠재의식은 생존을 보장하고 욕구를 해소하며 인간에게 기여하기 위하여 지칠 줄 모르고 활동을 한다. 잠재의식은 의식의 짐을 덜어주며 원칙적으로 의식과 협동할 준비가 되어 있다는 전제에서 출발하고 있다. 의식이 그 사람에게 최상으로 기여할 수 있고 어떤 해도 끼치지 않는다는 것을 확인한 후에야 잠재의식은 자신의 후원을 단념한다. 긍정적으로 표현하자면 잠재의식은 의식의 의도가 의미 있다고 받아들이면 의식과 협조할 준비를 하는 것이다. 그렇기 때문에 특히 행동변화에 있어서는 항상 잠재의식적인 분아와의 협조가 중요하다.

⑦ 이상의 내용 외에도 잠재의식의 특징에는 다음과 같은 내용이 포함된다.
- 모든 일상적인 지각과 초감각적 지각(ESP: Extra Sensory Perception) 현상을 관장한다.
- 의식화되지 않고 있는 보다 밝고 건강한, 잠재력을 포함한다.
- 주로 우측 뇌의 작용과 관련된다.
- 영성(靈性), 직관, 깨달음, 초능력의 세계를 관장한다.
- 창조와 긍정적인 목표 추구, 치유와 치료를 위한 에너지원으로 작용한다.
- 긍정적 자원(resources)의 저장소이다.
- 집중, 이완, 명상, 최면의 상태에서 접근 가능하다.
- 기억과 정서(감정)의 저장소이다.
- 모든 기억을 조직화한다.
- 부정문을 해독하지 못한다.
- 신체의 자율신경계의 작용을 관장한다.
- IQ보다는 EQ 차원과 연결된다.
- 의식의 명령에 따르는 하인역할을 한다.
- 연습에 의하여 굳어지는 연습 효과가 작용한다.
- 상징적이다.

4. NLP 기법

☐ **자아상 깨기 기법(De Identification Pattern)**

'Whatever you think you are, you are more than that'

이것은, 복문등식 형태로 표현되는, 제한적(잘못된) 자아상을 극복하는데 유용하다. 복문등식은 언어적으로 자아상을 구성하는 것이다. 당신이 #3에서 #6단계까지를 반복하기를 계속한다면, 당신은 약간의 언어적 조절을 함으로써 스스로에게 치료적으로 쉽게 또는 명상으로서 활용할 수 있다.

1. 복문등식의 형태로 내담자의 자아상을 확인하라.
   다음과 같은 언어적 표현에 주목하라:
   - 동사 '이다' (be)
   - 또는 '의미한다' (mean)

2. 복문등식에 따라 피드백하라:
   '그래서 당신은 _____.'

3. '그것이 당신이 생각하는 자신에 관한 모두입니까?'
   (생리적 변화상태를 관찰하라.)

4. '당신은 그 이상의 사람이 아닙니까?'
   (내담자의 동의가 있어야 한다.)

5. '그래서, ~ (이전의 자아상)이 아닌 당신은 누구입니까?'
   당신은 내담자로부터 대답을 들어야 한다.
   (이로써 우리는 경계선을 뛰어 넘었다. 그리고 우리는 내담자의 변화를 확인할 필요가 있다.)

6. '그리고 _____(#5에서 표현된 단어) 이상의 사람으로서, 그것이 당신의 모든 것입니까? 당신은 그것보다 얼마나 더 이상의 사람입니까?'

   추가적으로 다음과 같은 부가의문문을 사용하라:

   '당신은 그 이상의 사람임을 알고 있지요, 그렇죠?'

7. '당신은 그것을 어떻게 압니까?'

   내담자의 실재 전략(reality strategy)에 따라 변화를 앵커링하라.

□ 강박증 파괴 작전(Compulsion Blow-Out)

※ 주의: 이것은 아주 '강력한' 기법이다. (마치 쇠망치와 같기 때문에 일단 시작했으면 반드시 끝을 내야 한다.) 마무리를 하고 났을 때 내담자는 앞으로는 문제없이 잘 지내는 긍정적인 미래표상을 가질 수 있어야 한다. 만약 강박증과 함께 감정의 반동(Revulsion)이 있다면 모두를 박살내어야 한다.

제1부

1. 중독적인 것에 대한 구체적인 설명.
2. 비슷하지만 중독적이지는 않은 것에 대한 설명.
3. 하위양식의 차이를 확인하라.
4. 드라이버를 찾으라.

| 생수 | – | 식초 |
| 커피 | – | 간장 |

제2부

단계 1

1. 만약 사이즈 또는 다른 요인의 드라이버의 경우에는 우주의 크기만큼 크게 팽창시키라.
2. 처음에는 강박적 느낌이 증가할 것이다.
3. 어느 순간에 그것은 '펑' 하고 폭발할 것이다.

단계 2

1. 래치트 방법(ratchet method)을 사용하라(자동차 잭과 같은 것).
2. 잭처럼 크랭크를 돌려라(더 더 더 우주 끝까지 → 팡!!!).
3. 지붕을 뛰어 넘는 크기로 팽창하여 폭발할 것이다.

두 단계 모두 아래의 방법으로 계속하라.

1. 내담자가 진정할 때까지 기다리라 - 5분 정도
2. 내담자로 하여금 영상을 만들어 보게 함으로써 테스트하라 - 중독 없음.
3. 옛 영상을 새 영상으로 휘익 날려 보내라.

*주: 이 기법은 Steve Andreas에 의해 개발됨.

강박증 파괴 작전(Compulsion Blow-Out)의 실제

① 먹여본다 - 소감을 묻는다.
② 대체물을 생각하게 한 후 실제로 그 느낌을 말하게 한다.
③ 눈을 감은 후 문제의 대상을 말한 후 어떤 이미지가 떠오르나 말하게 한다.
   예 초콜릿 하면 무엇이 탁 떠오르나? 계속반복 - 단맛
④ 방향, 크기, 거리, 냄새, 소리, 촉감 등 5감을 사용하여 말하게 한다.
⑤ 오늘 며칠입니까?(혼란기법)
⑥ 다시 눈을 감게 한 후 대체물을 말한 후 어떤 이미지가 떠오르나 말하게 한다.
   • 방향, 크기, 거리, 냄새, 소리, 촉감 등 5감을 사용하여 말하게 한다.
⑦ 눈을 뜨라고 한 후 각각의 하위양식을 떠올린 후 대조분석을 말하게 한다.
   • 가장 다른 점 3개 - 소리, 맛, 위, 크기, 촉감 등을 말하게 한다.
   • 가장 다른 순서(위치-크기-촉감-맛 등)대로 정하게 한다.
⑧ 먼저 문제의 대상을 생각하게 한 후 '어디 있나요?'라고 물어본다.
   • 대체물로 생각을 바꾸게 한 후 원래 생각의 크기에서 점점 더 크게 끝내는 우주의 크기만큼 크게 팽창시켜라.
   • 자! 지금부터 대체물을 점점 크게 팽창시켜보겠습니다.
     더 크게! 더 크게!! 더 크게!!! 더 크게!!!! 팡!!!!(점점 목소리를 극적으로 높이면서 마지막에는 어깨를 탁 치면서 끝낸다.)
⑨ 내담자가 진정할 때까지 기다려라 - 5분 정도
   • 문제의 대상을 준 뒤 먹어보라고 한다.
   • 그리고 느낌이 어떤지 말해 보도록 한다.
⑩ 내담자로 하여금 영상을 만들어 보게 함으로써 테스트하라 - 중독 없음.

□ 시간 뒤섞기(Time Scramble)

■ 시간성 언어의 사용 예

1. 내면으로 들어가서 동일한 문제를 갖지 않도록 하시오.

   - 무슨 문제인가요? 먼저 내면속으로 들어가서 어디에 있는지 찾아보세요.
     (나 하고 관계없는)내 몸 밖에 있잖아요? 나 하고는 관계없잖아요? 어떻게 생각해요? 불안한 그 문제는 어디에 있나요? 그것 때문에 가슴이 답답하고 그 문제를 갖지 않도록 하세요.
   - 가슴이 어때요? 그 문제를 바라보세요/Body skan.
     (크기, 색, 질감, 냄새, 촉감 등 5감의 하위양식을 활용)
   - 그것이 만약 돈다면 오른쪽인가? 왼쪽으로 도는가?
   - 오른손을 펼치세요. 무슨 색을 좋아합니까?
   - 그것을 오른손 손바닥에 올려놓고(분리) 무게를 느껴 보세요.
   - Size를 반으로 줄이세요. 또 줄이세요. 좋아요. 이제 얼마만합니까? 점만 해요.
   - 좋아요. 그러면 그것을 연분홍색깔로 바꾸세요. 그리고 도는 방향을 오른쪽으로 바꾸세요.
   - 그리고 Size를 키웁니다. 배로. 원래의 Size로 키웁니다.
   - 자 이제 그것을 원래의 위치로 갖다 놓습니다.
   - 하나 둘 셋 하는 순간 숨을 쉬면서 탁!! 집어넣습니다.
     자 숨 마실 준비하세요. 하나 둘 셋!!!
     편안하게, 편안하게, 분홍빛깔에 둥근 그것이 오른쪽으로 돌고 있습니다.
     아주 편안하게
   - 어때요? 그 문제에 대해서 말해보세요. 잘할 수 있다 없다? 잘할 수 있어요? 좋습니다.

2. 그것은 고통스런 문제였지요, 그랬지 않았어요?

3. 당신은 변화를 원하고 있습니다. 그랬죠?

4. 당신이 그 변화를 이룩했을 때는 어떨 것 같은가요. 지금 말입니다.

5. 미래로 가서 과거를 되돌아볼 때 과거에 당신이 그 문제를 가졌던 것에 대해서 어떻게 생각되나요?
   당신이 현재 순간에 그 문제에 대해서 생각해 볼 때, 당신이 스스로를 위해 이 변화를 이룩하여서 당신이 멈춰~ 할 수 있고…… 당신은 그 변화를 이룩하였고, 그리고 지금, 당신을 보세요.

6. 당신이 그러한 변화를 이룩한다면, 그리고 그러한 변화를 지금!! 이룩했던 당신을 되돌아본다면 그런 자신의 모습이 마음에 드나요?
   - 좋아요. 눈 뜨세요. 어떻게 된 거에요.
   - 자 찾습니다. 어디에 있나요. 하나 둘 셋!!! 하는 사이에 문제는 사라져 버린 겁니다. 왜냐하면 그것은 실재가 아니었기 때문에!

□ BSFF(Be Set Free Fast)

이 기법은 미국의 Sarry P. Nims 박사가 창안한 것임.

그는 TAT를 공부한 후에 좀 더 편리하고 효과적인 기법을 개발하는 가운데 에너지치료의 차원에서 새로운 자신만의 기법을 창안하였음.

- BSFF는 무의식(잠재의식)은 우리의 충실한 하인이라는 이론에 기초한다.
- 잠재의식은 우리가 명령하는 어떤 일도 그대로 수행한다.
- 단순한 큐워드(Cue Word)를 사용함으로써 모든 문제의 근본을 치유하게 된다.
- 큐워드란 입으로 부르거나 마음으로 떠올려서 편안하고 행복한 느낌을 주는 특정한 대상을 말함. 사람을 포함하여 강아지를 비롯한 반려동물, 꽃, 종교적 대상 등 그 어떤 대상도 좋음.

예 엄마, 아빠, 자기, 선생님, 예수님, 부처님, 하느님, 하나님, 천주님, …, 아들, 딸, 할머니, 할아버지, 등…….

* 준비단계

잠재의식이 치유작업을 하도록 하라. 큐워드를 정하라. 그것은 잠재의식에게 보내는 신호다. 또한 의식의 의도가 잠재의식이 반응하도록 자극하는 역할을 하는데, 그때 잠재의식이 우리를 위하여 치유작업을 수행한다. 다음과 같은 내용을 읊어보라.

'잠재의식에게 말합니다. 내담자가 스스로 인식하고 있으면서 더 이상 간직하기를 원치 않는 문제에 대하여 큐워드를 사용할 때 마다 그 문제는 해결될 것입니다. 그리고 지금부터 내담자가 치유하기를 원하는 어떤 문제가 있을지라도, 어떤 상황에서도 큐워드를 말하게 되면 문제는 해결될 것입니다.'

1. **의식의 마음으로 문제나 이슈를 확인하라.**

   0~10 척도상에서 그 문제와 관련하여 경험하는 심리적, 신체적 불편지수를 정하라.

2. **각 문제와 관련된 신념을 진술함으로써 치유하라.**

   이때 입으로 말을 해도 좋고 마음속으로 해도 좋다. 각 진술이 끝난 후에는 큐워드를 말하거나 생각하거나 심상화하거나 쓰도록 하라.

* 이 과정을 마쳤을 때 그 문제에 대한 통합진술문(Global Statement)를 말한다.

  '나는 지금 한 번의 치유를 통하여 모든 _____(문제이름)를 치유합니다.
  그리고 앞으로도 그 ____(문제이름)이(가) 지속되도록 하거나 다시 재발하게 할 모든
  제한적 사고, 신념, 태도, 정서들도 함께 치유합니다' 큐워드.

* 불편지수를 확인하고 여전히 문제가 남았으면 아래와 같은 자동안전장치절차(Fail-Safe Procedure)를 적용하라.

* 자동안전장치 절차(Fail-Safe Procedure)
  1. 나는 이 문제로부터 벗어나기를 원합니다.
  2. 나는 기꺼이 이 문제에서 벗어날 것입니다
  3. 나는 지금, 그리고 지금부터 계속하여 영원히 기꺼이 이 문제에서 벗어날 것입니다.
  4. 나는 지금부터 계속하여 이 문제에서 벗어날 수 있도록 나 자신에게 허용합니다.
  5. 나는 지금부터 계속하여 이 문제에서 완전히 벗어나도 좋습니다.
  6. 나는 지금부터 계속하여 이 문제에서 영원히 벗어날 가치가 있습니다.
  7. 나는 지금부터 이 문제에서 벗어나고 계속하여 문제없는 상태에 있기 위해 필요한 어떤 일도 할 것입니다.
  8. 나에게는 이 문제가 계속하여 없어지지 않게 하거나 후에라도 재발할 수 있게 할 한 가지 또는 그 이상의 다른 문제가 여전히 남아 있습니다.
  9. 나에게는 이 문제가 계속하여 없어지지 않게 하거나 후에라도 재발할 수 있게 할 어떤 무엇이 여전히 남아 있습니다.
  10. 나는 여전히 취약하기에 후에라도 이 문제가 재발할 것입니다.

3. **이번 세션에 시간이 허락하는 한 모든 문제들을 치유하라.**

4. **스톱퍼들을 치유하라.**(문장을 읽은 후에 큐워드를 말하라. 또는 만약 무의식에게 메

시지를 주었다면 '이제 나는 이 스토퍼들을 치유합니다'라고 말하고 큐워드를 말하라.)

Stoppers

1. 나는 이 치유법이 나에게 효과가 없을 것 같아 걱정됩니다. -큐
2. 나는 이 치유법의 효과가 지속되지 않을 것 같아 걱정됩니다. -큐
3. 나는 이 치유법이 효과가 있을지 의심됩니다. -큐
4. 나는 이 치유법의 효과가 지속될지 의심됩니다. -큐
5. 나는 나 자신이 이 새로운 방식으로 잘 치유될 수 있을 것이라고 믿지 않습니다. -큐
6. 나는 나 자신이 이 새로운 방식으로 잘 치유될 수 있을지 의심됩니다. -큐
7. 나는 나 자신이 이 치유법으로 이루어진 내 인생의 새로운 변화에 맞추어서 잘 살아갈 수 있는 능력이 나에게 있다는 사실에 대해 의심됩니다. -큐
8. 나는 내가 치유했던 한 가지 또는 그 이상의 문제가 다시 되살아날 수 있을 정도로 취약합니다. -큐

5. 타인에 대한 분노/ 용서

'나는 나에게 남아있는, 이번 시간에 치유하고자 했던 모든 문제들과 관련된, 다른 사람들에 대한 모든 분노, 비난, 비판, 용서할 수 없는 마음들을 모두 치유합니다.' -큐

- 태핑 X 3 "나는 관련되는 모든 사람들을 용서합니다. 당신들은 당신들이 할 수 있는 최선을 다하였음을 압니다."

6. 나에 대한 분노/ 용서

'나는 나에게 남아있는, 이번 시간에 치유하고자 했던 모든 문제들과 관련하여, 나 자신에 대한 모든 분노, 비난, 비판, 용서할 수 없는 마음들을 모두 치유합니다.' -큐

- 태핑X3 '나는 나 자신을 용서합니다. 나는 내가 할 수 있는 최선을 다한다는 사실을 압니다.'
- 심호흡을 하라!!!

* 무의식에게 보내는 메시지

이 메시지는 우리의 무의식에게 보내는 것입니다. 무의식은 우리가 제안하는 어떤 문제라도 우리에게서 원만하게 해결하거나 제거해주기를 원합니다.

이때 우리는 특정한 단어나 문구를 마음으로 생각하거나 소리를 내면서 말할 것인데 그 경우에 무의식은 우리를 위하여 그 문제에 대한 전체 BSFF 치유작업을 해주기 바랍니다.

우리가 사용하고자 하는 단어나 문구는 _____입니다.

무의식, 당신은 이 문제와 관련되거나 이 문제를 일으켰던 모든 유전적으로 내려오거나 조상에게서 내려오는 문제, 현재문제, 그리고 모든 분리된 자아 즉 분아의 문제, 부정적 정서의 뿌리, 신념들을 모두 정신적, 정서적, 육체적, 영적인 차원을 치유하며 모든 분리된 성격의 부분들과 분아들을 치유할 수 있을 것입니다.

무의식 당신은 이 문제를 모든 수준에서 모두 치유할 수 있을 것이며 이 문제와 관련하여 직접이든 간접이든 원인이 될 만한 모든 것들을 치유할 수 있습니다. 당신 무의식은 모든 치유를 함에 있어서 완전히, 영원히, 그리고 안전하게 할 수 있을 것입니다.

이와 같은 말은 곧 무의식 당신은 우리가 지적하고 치유받기를 원하는 모든 것과 각 문제에 내포된 모든 제한적 정서의 뿌리와 신념의 모든 수준을 함께 치유할 수 있다는 것을 의미합니다. 무의식이여, 당신은 우리가 치유를 시작하라고 신호를 주는 첫 순간부터 마지막 순간에 이르기까지 모든 시간에 걸쳐서 모든 문제를 치유해 주기를 바랍니다.

☐ 학습 상태

학습은 이완되고 수용적이며 집중된 상태에서 가장 잘 촉진된다.
교사는 학생에게서 이완이 시작되는 초기의 흔적을 찾을 수 있어야 하며,
교사가 학생의 이완상태를 확인할 때 '좋습니다. 좋아요! 아주 좋아요' 등과 같은 표현으로 인정해 주라.

1. 학생들로 하여금 눈을 위의 중앙으로 향하되 양 눈썹의 중간 지점을 바라보는 듯하게 하라. 천장의 반점을 바라보게 해도 좋을 것이다.

2. 조심스레 학생에게서 일러나는 이완과 집중의 징표를 관찰하라.
  다음과 같은 이완의 표시를 볼 수 있을 것이다. 호흡의 속도, 얼굴 근육의 긴장도, 눈동자의 크기 등.
  이상과 같은 바라보기를 2분 전후의 시간동안 실시하는 것이 좋다.
  그렇지 않으면 눈의 긴장이 유발될 수도 있기 때문이다.

3. 학생의 이완을 확인하고 인정해 줘라. (위의 1번에서처럼)

4. 다음에는 학생으로 하여금 마음도 이완한 상태를 유지하게 하고 교사를 향해 초점을 두도록 눈을 아래 방향으로 보게 하라.

이상이 학습상태이다. 이러한 방법은 양쪽 뇌 반구를 균형 있게 자극하는데 도움이 된다.

☐ 하칼라우 Hakalau

외부에 대한 각성상태를 유지한 채 깊은 트랜스로 들어가는 상태를 하칼라우라고 한다면 그것은 물질의 영역에서 진공의 영역으로 또는 그 반대쪽으로도 옮겨가는 상태를 의미하기도 한다.

양자물리학의 가정에 의하면 인간은 자신의 개인적인 관찰에 근거하며 자신의 우주를 만든다.

만약 우리가 무엇이 존재한다는 사실을 '알지' 못한다면, 그것은 존재하지 않는다.

그래서 우리는 무엇을 '앎'으로써 실제로 그것을 만들어내는 것이다.

동시에 우리가 어떤 수준에서 무엇을 '앎'으로써 우리는 스스로 경계선을 만들고, 또한 결과적으로 우리는 그 '앎'에 이르는 무한한 다른 방식들과의 접촉을 중단하기 때문에 우리의 선택이 제한받기도 한다.

결론적으로 하칼라우 기법은 다음과 같이 두 가지로, 즉 문제를 해결하거나 집착에서 벗어나는데 도움이 된다. 그리고 이 방법을 명상의 목적으로 사용해도 좋다.

1. 문제해결

이 과정은 부정적인 단일의 정서와 행동뿐만 아니라 한 가지 이상의 정서를 내포하는 상황에서의 복잡한 문제를 해결하는 일에 활용될 수 있다.

기술적으로 말하면 문제의 경계선을 밝히고 제거하고 그래서 문제를 진공상태로 만듦으로써 효과를 발휘한다.

2. 집착에서 벗어나기

양자물리학에서는 전체는 부분을 포함하며 부분 또한 전체를 포함한다고 하기 때문에 모든 욕망은 본질적으로 그것의 반대의 가능성도 포함한다.

우리가 무엇을 '원'할 때마다 그것을 가지는 것을 허용하지 않으려는 가능성 또한 내재되게 된다. 그러므로 이 기법은 우리로 하여금 균형감각을 잃게 하고 온전히 집중하지 못하게 하는 욕망을 제거하는데 활용될 수 있다.

역설적으로 욕망을 진공으로 분해해버림으로써 우리는 오히려 그것의 실현가능성을 높이게 된다.

과정

1. 하칼라우에 들어가게 한 후에 앵커링을 한다.
2. 문제(또는 집착)을 말하게 한다.
3. 하칼라우에 들어가서 앵커를 발사하고 계측한다.
4. (선택) 긍정적 교훈 찾기
5. 상태파괴
6. 문제(집착)가 없어질 때까지 위의 #2와 #3의 과정을 반복한다.
7. 테스트와 미래 가보기 -새로운 선택행동을 유도하라.

□ 사진 액자

이것은 부정적인 감정을 불러일으키는 기억, 예를들어 불쾌하거나 기분 나쁜, 화가 나거나 고통스런 감정을 느끼게 하는 과거의 기억 때문에 힘들 때 그 기억으로부터 벗어날 수 있게 하는 기법이다.

◎ 문제 상황 상기

고통스러웠던 기억을 한 가지 떠올려보라. 불안했거나 당황했거나 괴로웠거나 외로웠거나 자존심이 상했거나 마음이 상했던 어떤 문제 상황도 좋다. 가능하면 최근의 일을 떠올리며 생생하게 상기해보라. 앞의 영화음악 실습에서 제대로 효과를 거두지 못했다면 그때 사용했던 기억을 떠올려도 좋다.

◎ 정지 화면

과거의 기억이 한편의 비디오 장면처럼 재생되도록 하라. 그리고 고통의 경험을 최대로 하는 절정의 순간에 당신의 모습을 잡아내보라. 그 순간의 장면을 흑백의 스냅사진으로 찍어 하나의 필름으로 뽑아낸다면 어떤 모습이 될까? 이제 그 흑백 사진을 보라. 사진 속에 있는 당신의 모습이 어떤지 마치 남의 사진을 보듯이 보라. 어떤 옷을 입고 있으며 또 얼굴표정은 어떤지 주의해서 보라.

◎ 사진 액자에 넣고 전시하기

이제 그 사진을 액자에 넣고자 한다. 어떤 모양의 액자로 하면 좋을까? 네모 모양의 액자로 할까. 아니면 둥근 모양의 액자로 할까? 액자의 색깔은 어떤 색이 좋을까? 당신이 좋아하는 모양과 색깔로 액자를 택하여 그 속에 사진을 넣어보라. 그리고 그 액자를 전시해보라. 다른 그림과 사진이 많이 전시된 전시장의 어느 벽에 당신의 액자를 걸어놓고 한걸음 뒤에서 그 사진을 보라. 당신 사진 옆에는 어떤 그림과 사진이 전시되어 있는가? 서로 비교해보라. 이상과 같이 실험을 해본 결과가 어떤지 확인해보라. 느낌이 어떤가?

◎ **결과 확인**

이제 마음을 다 비우고 다시 처음의 그 문제 상황을 떠올려보라. 이제 느낌이 어떤가? 이전처럼 여전히 불쾌한 감정이 남아있는가? 아마도 감정이 없어졌거나 아니면 최소한 줄어들어 훨씬 마음이 가벼움을 느낄 수 있을 것이다.

☐ 습관 교정

이것은 자기가 즐기고 좋아하지만 어떤 이유 때문에 없애고 싶은 습관이나 행동이 있을 때 활용하면 도움이 된다.

◎ 즐기지만 없애고 싶은 습관

자기가 즐기는 습관 중에서 꼭 없애고 싶은 것이 있는가? 예를들어 담배나 술을 즐겨 피우고 마시지만 건강 때문에 끊어야겠다든지, 자주 마시는 커피와 같은 기호식품을 그만 마시고 싶다든지, 특정 음식을 너무 좋아하는데 역시 건강 때문에 그만 먹어야겠다면 그것이 이에 해당된다. 그 외에 TV보기를 너무 즐겨서 다른 일을 제대로 하지 못해 그것을 줄이거나 아예 안 볼 수 있도록 했으면 좋겠다 등도 이에 해당된다.

◎ 없애고 싶은 습관을 왼손에

이제 눈을 감고 않은 상태에서 왼손을 펴고 그 위에 그 습관을 놓는다고 생각하고 그것을 느껴보라. 다시 말해서 마음을 집중한 상태에서 그 특정의 습관이 손바닥 위에 있다고 상상하고 그 무게를 느끼고 질감과 냄새, 크기 등을 상상하고 느껴보라 마음으로 최대한 느끼고 경험하라.

◎ 혐오장면을 오른손에

왼손작업은 이제 그냥 두고 잊은 상태에서 이번에는 가장 혐오스런 장면을 상상하라. 그리고 그것을 오른손을 펴고 그 위에 놓으라. 혐오 장면의 가장 좋은 예는 사람의 배설물이 해당된다. 방금 당신이 배설한 배설물(대변)을 상상하고 자기가 가장 싫어하는 사람이 술에 잔뜩 취한 상태에서 그 배설물에 구토를 하여 구토물이 대변과 뒤범벅이 되어 있는 모습을 상상하고, 그것이 오른 손바닥에 놓여있다고 상상하면 된다. 더 필요하다면 이곳에 뱀이 기어다닌다거나 개가 다시 배설한다고 상상하면 혐오의 극치에 다다를 수 있을 것이다. 이제 오른손의 무게와 질감을 충분히 상상하고 느껴보라.

◎ 왼손과 오른손의 합장

다시 왼손을 펴고 그 위에 없애고 싶은 습관을 올려놓고 최대한으로 느껴보라. 그리고 오른손에는 혐오장면을 올려놓고 역시 최대한으로 느껴보라. 각각의 손이 최대한으로 상상이 되고 느껴질 때 두 손을 서로 합장하고 비비도록 하라. 가능하면 두 손의 내용물이 서로 혼합되어 짓뭉개진다고 상상하고 느끼도록 하라. 필요하다면 두 손을 서로 꼭꼭 누르고 그래서 '짬뽕'이 된 내용물이 줄줄 흘러내려서 없어질 때까지 장면을 생생하게 상상하고 느끼도록 하라.

◎ 결과 확인

다시 처음의 없애고 싶은 습관을 생각하고 그것에 대해 느껴보라. 이 실험을 하기 전에 비해 느낌이 어떤가? 다시 그 습관을 계속하고 싶은가?

□ 닻 내리기

이것은 우울하거나 불쾌한 일이 있을 때 그 기분에서 벗어나서 좀 더 기분 좋게 생활할 수 있도록 하는 기법이다.

◎ 행복한 순간

지금까지 살면서 가장 행복했던 순간을 생각해보라. 그 일을 생각하면 마음이 설레고 미소가 나오며 기분이 좋고 행복을 느낄 수 있는 순간을 기억하고 그때의 기분을 느껴보라. 예를들어, 결혼식 장면, 애인과 데이트하던 장면, 무엇을 잘하여 상을 받던 장면, 친한 친구와 즐겁게 어울리던 장면, 오랫동안 추구하던 무엇을 성취하던 장면, 우리나라 선수가 세계대회에서 우승하거나 금메달을 따서 환호하던 장면, 많은 사람들 앞에서 칭찬을 들었던 장면, 좋아하는 음식을 맛있게 먹는 장면 등 무엇이든 신나고 즐겁고 행복한 일이면 된다. 가능한 한, 그때 있었던 일을 시각적으로 떠올리며 그때 있었던 소리, 들었던 말 등을 떠올리도록 하라. 냄새가 있었다면 그것도, 그리고 맛과 촉감도 함께 떠올리고 느끼도록 하라.

···▶ 토의과제

(1) 환자의 불안 심리, 수면장애, 음식섭취 장애 요인을 깊이 있게 상담해 보고 회복 방법을 신앙적으로 지도해 보자.

(2) 만성질환자의 심리적 안정을 위한 코칭 기법을 고안해 내고 영적 안녕감을 지속할 수 있는 프로그램을 개발해 보자.

(3) 죽음 직전의 환자들에게 편안한 임종을 맞이할 수 있는 NLP기법을 적용해 보자.

【주요 참고문헌】

• 가토 세류(2014), 간단 명쾌한 NLP, 시그마프레스.
• 도미향·정미현·김웅자(2012). 성격과 코칭의 이해, 신정.
• 마에다 다다시(2013), NLP 교과서, 매일경제신문사.
• 설기문(2011), 자기 혁신을 위한 NLP 파워, 학지사.
• 시바젠타·오케다니 가즈코·이야마 마키코(2013), NLP 입문, 시그마북스.
• 저메인 포르셰·제드 니더러(2013), 당신주변에는 어떤 사람이 있는가?, 문학스케치.
• 죠셉 오코너·이안 맥더모트(2013) NLP의 원리, 학지사.
• 죠셉 오코너(2012), 두려움 극복을 위한 NLP 전략, 학지사.
• 이후경(2014), 변화의 신, 좋은 땅.
• Rechard Bandler & John Grinder(2013), NLP, 그 마법의 구조 Ⅰ, 시그마프레스.
• Rechard Bandler & John Grinder(2013), NLP, 그 마법의 구조 Ⅱ, 시그마프레스.

Chapter 4

의료사회사업의 역할과 기능

이광재: 사회복지학 석사
가톨릭대학교 겸임교수

> ■ 학습목표(Learning Objectives)
>
> 1. 건강관리에서 의료사회사업의 필요성을 이해한다.
> 2. 의료사회사업의 개념을 이해한다.
> 3. 의료사회사업의 제도적 사회적 인정을 이해한다.
> 4. 의료사회사업의 역할과 기능에 대하여 이해한다.
> 5. 의료사회사업의 직무에 대하여 이해한다.

1. 의료사회사업의 필요성

　모든 학문의 궁극적인 목적은 공통적으로 인류의 복지, 즉 인간의 삶을 질(quality)적으로 향상시키고자 하는데 있다. 그런데, 이러한 모든 인류의 지상과제인 복지사회를 구현함에 있어서, 건강을 제외한 복지의 개념이란 생각할 수 없다. 그 이유는 인간은 과거에 있어서나 현재에서나 동서양을 막론하고, 누구나 육체적 질병과 정신적 고통에서 벗어나 건강하게 오래 사는 것을 가장 큰 과제로 여겨왔으며, 이러한 건강관리문제는 인간이 살아가는데 있어서 그 어느 누구에게도 불가피한 가장 중요한 핵심적인 영역이기 때문이다. 따라서 우리나라에서도 헌법 제34조 1항에서 건강권을 국민의 기본권으로 규정하고 있는 것이다.

　그런데 현대사회의 건강권 문제는 단순히 의학지식의 문제가 아니라 의료가 구체적 서비스로 전환되면서 발생하는 보다 폭넓은 문제로서, 대개 비의학적인 요소들로부터 발생하며, 사회의 문제로 생각할 필요가 있는 것이다. 예컨대, 오늘의 선진국이 당면한 가장 최악의 문제는 '풍요로움 속의 질병'이다(Wilkinson, 1996). 여기에는 비만도 포함되며, 고혈압, 당뇨병, 높은 콜레스테롤, 신체적인 활동과 운동에 부적절한 몸무게뿐만 아니라 기능의 장애 및 사고로 인한 상처와 조기 무능력과 같은 문제가 있는 것이다. 따라서 이러한 사회문제로서의 다양한 의료문제를 해결하는 데 그 관심과 초점을 두고 있는 전문적인 노력으로서, 의료사회사업의 적극적인 개입이 필요하게 되는 것이다.

Bracht는 사회사업활동이 의료기관에 존재해야하는 기본적인 전제로, 개인의 심리사회적 기능이 질병의 원인이 되며, 동시에 치료과정과 결과에 중요한 영향을 미치기 때문에, 질병에 대한 심리사회적 접근이 반드시 필요하다고 하였다. 따라서 질병에 대한 생의학적 접근만으로는 불완전한 치료이며, 의료사회복지사를 포함한 여러 의료전문직간의 팀접근을 강조하였다(Bracht, 1978: 23-24).

특히, 우리나라 의료분야에서 현재 이루어지고 있는 치료는 주로 질병의 생물적 혹은 신체적 측면만을 다루고 질병이나 장애가 개인에게 미치는 심리사회적 측면을 거의 다루고 있지 않기 때문에, 환자의 욕구를 충족시켜주지 못하고 있으며 회복과 재활과정에도 부정적인 결과를 가져오고 있다.

의료사회사업은 이러한 질병에 대한 생물심리사회적(bio-psycho-social) 모델에 기반하여, 질병이나 장애로 인해 환자들이 경험하는 심리사회적 문제를 해결하고, 사회적 기능을 회복할 수 있도록 도움을 제공하는 전문적 활동인 것이다.

2. 의료사회사업의 개념

의료사회사업에 대한 개념은 사회복지의 접근방법에 따라 다양하게 다루어질 수 있는데, 사회복지의 접근방법은 또한, 그 대상을 어떻게 보느냐에 따라 달라질 수 있다.

예컨대, 사회복지의 대상을 인간의 사회적 요구로 보는 경우, 이것이 자본주의 사회제도의 결함에서 비롯되었는지 아니면 인간의 기능적 장애로 인한 사회부적응이냐에 따라 그 접근방법이 매우 다를 수 있다. 전자의 경우 갈등론적 관점에서 그것을 주로 해결하려고 노력해야 할 것이고, 후자의 경우, 기능론적 관점에서 주로 접근해야 될 것이다.

그리고 사회복지의 대상을 사회문제로 보는 경우에는, 사회복지의 접근방법은 사회 불평등에 대한 갈등주의적 접근방법과 사회부적응에 대한 기능주의적 접근방법, 그리고 사회해체에 대한 통합주의적 접근방법으로 나누어 볼 수 있다. 사회문제도 이러한 3가지 형태가 존재하는데, 이러한 사회문제에 대한 접근 방법은 정책적 접근방법과 전문적(기술적) 접근방법 및 통합적 접근방법으로 구별하여 볼 수 있으며, 이러한 사회문제와 그 접근방법에 대한 3가지 이론적 관점은 상호 관련성이 높다(김영모, 1991: 5).

여기에서는 의료사회사업에 대하여, 국민의 보건·의료에 관련된 사회문제에 대한 접근방법에 따라 ① 정책적 관점과 ② 전문적(기술적) 관점 및 ③ 통합적 관점으로 구별하여 살펴보도록 하겠다.

1) 정책적 관점에서의 정의

사회복지의 정책적 접근은 사회문제와 사회복지를 역사적·사회적 존재 형태로서, 사회제도의 결함으로 생긴 사회문제를 해결하는 사회정책으로 보는 견해이다. 이러한 관점에서는 사회문제가 개인의 책임이라기보다는, 사회·국가의 책임으로 간주한다. 따라서 국가정책에 의하여 사회복지가 이루어져야 한다고 생각하고 있다. 즉, 이는 사회복지의 법령적 대책을 의미하는 것이다. 따라서, 정책적 관점에서의 의료사회사업은 의료의 변천, 의료의 사회화, 건강의 사회적 기능성이 중요시되어, 국가가 의료를 책임지는 형태라고 말할 수 있을 것이다.

경제적 어려움이나 생활상의 어려움은 필연적으로 영양부족과 휴양의 결여, 또는 생활환경의 악화를 가져온다. 이 같은 취약한 상황은 인간의 이환(罹患) 가능성을 증대시키고, 한 번 이환(罹患)된 질병은 만성화가 되기 쉬우며 그 결과 기동력의 상실과 소득의 중단, 막대한 의료비용은 그를 더욱 더 빈곤하게 만든다. 그래서, 치료나 회복의 기회는 멀어지게 되고 심신은 더욱 황폐화되어진다. 사회계급과 사회경제적 지위(Socioeconomic Status : SES)는 유아 사망에서부터 병약한 노인에 의해 경험되어지는 다양한 보건문제에 이르기까지의 다양한 문제와 관련이 있다(Gorey, 1995: 868).

따라서 질병과 빈곤의 반복되는 악순환은 사회체제나 제도의 기본적인 모순이나 결함에서 기인되는 것이고 질병은 단순히 인간의 신체적 부상이나 장애에 그치는 것이 아니라 역사적, 사회적 상황 속에서 야기되는 사회문제라 할 수 있으며, 점차로 그 중요성이 증가되어 의료의 사회적 정책을 규정하게 되었다.

이와 같은 이유로, 영국에서는 1948년 국민보건서비스가 시작되었고, 미국은 1965년 의료보호와 의료부조법령이 통과되었으며, 우리나라에서는 의료보장제도가 국민의 생존권을 보장한다는 사회복지정책의 근본이념에 기초되어, 사회계층간의 소득재분배와 건전한 국민활동력의 보전 및 향상, 그리고 사회의 균형적 발전과 성장을 위한 의료보험과 의료보호제도(1977년)가 실시되어 점차 확대된 것이다.

이에 따라, 사회사업의 영역이 넓어져서 지역사회 보건과 정책적인 분야까지 포함되어 공중보건 사업이나 공적부조사업에도 참여하게 되었는데, 이는 의료가 확대되어 치료적인 개념에서 건강을 유지·증진시키는 예방적인 측면, 즉 보건의 개념으로 확대된 것과 그 맥을 함께 하는 것이라 할 수 있겠다.

이와 같이 건강증진과 예방을 포함한 지역사회보건과 보건정책의 개선, 또는 재정 등의 제도적인 대책을 세우는데 관심을 갖는 사회사업의 실천분야가 바로 정책적 관점에서 본 의료사회사업이다.

따라서, 정책적 관점에서의 의료사회사업은 질병의 예방과 건강증진 및 향상을 지향하는 의료복지를 목적으로, 보건 및 의료영역에서 사회복지조사, 의료복지정책 및 행정 등의 광범위한 방법을 통하여 보건의료의 욕구측정과 의료서비스나 전달체계를 평가하여 그 개선과 그 활용을 용이하게 하고 의료급여[1]와 국민건강보험의 확대 및 질적 향상을 기여하는 데 참

---

[1] 보건복지부는 의료보호환자에 대한 의료급여 등을 관리하는 의료보호법이 2001년 10월 1일부터 '의료급여법'으로 개정되어 시행에 들어감에 따라 '의료보호'를 '의료급여'로 명칭을 변경, 시행하기로 하였다.

여하는 사회사업의 한 과정이라 할 수 있다(김규수, 1999: 29).

2) 전문적(기술적) 관점에서의 정의

사회복지의 전문적 접근은 사회복지를 인간관계의 조정기술로 보는 견해로서, 기술적 관점이라고도 한다. 이러한 전문적(기술적) 관점은 인간의 요구를 위기 또는 문제상황으로 규정하고 문제의 소재를 부적응이나 요구불만에서 일어난다고 말하며, 주로 관심을 문제 해결에 있어서 환경조건의 개선과 Personality의 개발에 둠으로써 개인의 탈선행위의 원인을 찾는다. 따라서 전문적(기술적) 관점에서의 의료사회사업은 심리요법이나 사회요법(환경조정)에 의하여 개인의 Personality를 치료하려고 하는 것이며, 그 원조의 내용은 사회심리적 서비스를 특징으로 한다.

현대의학에서 시사하고 있는 건강에 대한 개념과 정의는 단순히 병이 없다고 하는 것보다 훨씬 광범위하다. 현대에 있어서 건강이라고 하는 것은 신체와 정신의 안정한 상태(a state of well-being)를 말하고 있다. WHO의 건강에 대한 새로운 정의[2]를 보면 건강이란 완전한 육체적, 정신적, 사회적, 영적 안녕과 역동적 상태를 말한다. 그러므로 올바른 전인치료를 위해서는 신체적인 질병의 치료뿐만이 아니라, 질병의 원인이 될 수도 있고, 치료의 효과를 더디게 할 수도 있는 환자의 심리, 사회, 경제적인 문제들을 해결하도록 도와주고 환자가 퇴원 후에도 정상적인 사회기능을 하도록 제공하는 것이 필요하다.

이에 따라 사회사업의 한 분야로서, 의료시설 내에서 환자들이 가지고 있는 사회적, 정신적 문제들에 특히 관심을 가지고 전문적 봉사를 제공하는 영역(Stroup, 1948: 354)을 전문적 관점에서 본 의료사회사업이라고 말할 수 있겠다.

의료시설에서 사회사업의 기능이란 병원에서 제공하는 치료(medical treatment)를 확장해서 병의 원인이 될 수 있고, 또 치료의 효과를 방해할 수도 있는 정서(social emotional)와, 문제(personal problem)들을 해결하도록 돕고, 퇴원후 환자가 그의 가정이나 지역사회에 들

---

[2] 세계보건기구(World Health Organization: WHO)는 1948년 4월 7일 발족하면서, 건강이란 단지 질병(disease)이 없거나 허약함(infirmity)이 없는 상태를 말하는 것이 아니라,「신체적, 정신적, 사회적 안녕(physical, mental, and social well-being)을 완전히 이룬 상태」라고 정의하였다. WHO는 그 후 50년간의 환경의 변화를 인정하고, 이에 합당한 건강의 개념을 모색해 왔으며, 1998년에 창립 50주년을 맞이하여, 스위스의 제네바 본부에서 집행이사회를 열고「건강에 대한 정의」를 규정한 헌장 전문(前文)에 영적 안녕(Spiritual well-being)과「역동적(力動的) 개념(Dynamic Concept)」을 추가하기로 의결했다. 이같은 세계보건기구의「새로운 건강 개념」은 종교생활을 통한 영혼의 안식은 물론 자연과 환경변화에 능동적으로 적응하는 인간의 능력을 중시한 것이라고 할 수 있다.

어가서도 가장 적절하고 정상적인 사회적 기능을 하도록 Casework[3] Support를 하는 것이다(Upharn, 1960: 43).

그러므로, 전문적(기술적) 관점에서의 의료사회사업이란 의료기관에서 치료팀의 일원으로서 사회사업의 전문적인 방법을 활용하여 환자의 질병치료와 회복 및 사회복귀기능을 돕는 목적을 가지고 질병으로 인하여 파생되는 환자의 심리적, 사회적 및 경제적 문제가 질병치료에나 그 회복에 악영향을 주지 않도록 문제를 해결해 주거나 조정하여 환자 및 그 가족을 돕는 전문적인 활동이라 할 수 있다(김덕준, 1976: 10).

3) 통합적 관점에서의 정의

통합적 접근은 중간적 의미의 사회복지로서, 이러한 접근 방법은 주로 사회해체 (가족해체, 지역사회해체)의 결과로 생긴 사회문제를 예방, 치료하기 위한 것이다. 사회해체로 인하여 생긴 사회문제는 정책적 접근방법이나 전문적 접근방법 중 한 가지에 의해서 해결될 수 있는 것이 아니고, 이 두 가지의 방법이 동시에 적용되어야 가능한 것이다.

사회복지의 정책적 접근방법은 국민을 대상으로 하고, 전문적 접근방법은 개인을 강조하며, 통합적 접근방법은 사회(개인과 집단)를 중요시하고 있다. 그러므로 사회의 기본 단위인 가족을 비롯하여 지역사회, 직장 등의 복지를 위한 방법(제도)에 관심이 많은 것이다(김영모, 1991: 6).

따라서, 통합적 관점에서의 의료사회사업이란 건강관리자의 일원으로서, 질병을 가진 개인과 그의 가족은 물론 의료·보건계 종사자 및 의료제도 등을 대상으로, 사회사업의 전문적 방법과 사회복지조사, 의료복지정책 등 다각적인 접근방법을 통하여, 환자 및 가족의 사회기능 향상, 질병의 예방과 치료 및 재활 등 다양한 목적을 달성하기 위하여, 보건·의료분야에서 이루어지고 있는 사회사업의 전문적인 실천분야 가운데 하나라고 정의할 수 있겠다.

최근, 의료에서 시사하고 있는 건강에 대한 개념과 정의는 단순히 병이 없다고 하는 것보다 훨씬 광범위하므로, 이러한 통합적 관점에서의 의료사회사업이 현대적 개념으로 보다 적합한 개념이라고 말할 수 있을 것이다.

---

[3] 최근 사용하는 '개별수준의 사회복지실천'을 의미

【표 1】 사회복지 접근방법에 따른 의료사회사업의 정의

관 점	정책적 정의	전문적 정의	통합적 정의 (현대의 개념)
대 상	보건의료체제 전반	환자 및 가족의 심리, 사회, 경제적 문제	질병을 가진 개인과 환경(환자, 가족은 물론 의료·보건계 종사자, 의료제도 등)
방 법	사회복지조사, 의료복지정책 등 광범위한 방법	사회사업의 전문적 방법	사회사업의 전문적 방법과 사회복지조사, 의료복지정책 등 다각적인 접근방법
목적 (효과)	질병의 예방, 건강 증진 및 향상을 지향하는 의료복지	환자의 질병치료와 회복, 사회복귀기능을 지원	환자 및 가족의 사회기능 향상, 질병의 예방, 치료 및 재활 등 다양한 목적

3. 의료사회사업의 제도적 근거

우리나라 의료사회사업활동에 대한 사회적 승인으로서 관련된 주요 제도에 대하여 간단히 살펴보면 다음과 같다.

1) 사회복지사업법

사회복지사업법(법개정 1999. 4. 30)을 보면, 「제2조 (정의) ① 이 법에서 '사회복지사업'이라 함은 다음의 법률에 의한 보호·선도 또는 복지에 관한 사업과 사회복지상담·부랑인보호·직업보도·무료숙박·지역사회복지·의료복지·재가복지·사회복지관운영·정신질환자 및 나완치자 사회복귀에 관한 사업 등 각종 복지사업과 이와 관련된 자원봉사활동 및 복지시설의 운영 또는 지원을 목적으로 하는 사업을 말한다」고 되어 있어, 사회복지사업에 있어서 의료사회사업분야에 대한 활동의 근거를 명확히 하고 있다.

2) 의료법 시행규칙

의료사회사업이 우리나라에서 법적으로 처음 규정된 것은 1973년 9월 20일 개정의료시행령(대통령령 제6863호) 제24조 2항 5호에서 「종합병원에는 사회복지사업법의 규정에 의한 사회복지종사자 자격증을 가진 자 중에서 환자의 갱생, 재활과 사회복귀를 위한 상담 및 지도업무를 담당하는 요원을 1인 이상 둔다」고 한데서 비롯되었다.

그 후, 사회복지종사자라는 용어가 1983년 5월 21일 사회복지사업법의 개정에 따라 사회복지사라는 용어로 대체되었으며, 현재는 의료법 시행규칙 28조의 ②의 6(의료인 등의 정원)에 「종합병원에는 사회복지사업법의 규정에 의한 사회복지사 자격을 가진 자 중에서 환자의 갱생·재활과 사회복귀를 위한 상담 및 지도업무를 담당하는 요원을 1인 이상 둔다」라고 규정되어 있다.

3) 장기 등 이식에 관한 법률

(1) 장기이식의료기관에서 사회복지사를 전문직으로 승인한 규정

장기 등 이식에 관한 법률 시행령 제17조(장기이식의료기관의 지정기준) 「장기이식의료기관(이하 '이식의료기관'이라 한다)으로 지정을 받고자 하는 의료기관이 갖추어야 하는 시설·장비 및 인력의 기준은 별표 1과 같다.」에서 별표 1을 보면 「… 장기 등의 적출·이식을 위한 상담·연락업무 등을 담당하는 간호사와 사회복지사 각 1인 이상을 두어야 한다」고 되어 있어, 장기이식의료기관에서 전문직으로 승인된 사회복지사에 대한 규정이 있다.

(2) 뇌사판정의료기관에서 사회복지사를 전문직으로 승인한 규정

장기 등 이식에 관한 법률 시행규칙 제5조 (의료기관의 뇌사판정업무…) ②항에서는 「법 제14조제2항의 규정에 의하여 뇌사판정업무를 하고자 하는 의료기관이 갖추어야 할 시설·장비·인력 등은 다음 각 호와 같다. … 3. 신경과 전문의사, 뇌파검사를 담당하는 임상병리사, 뇌사판정을 위한 상담·연락업무 등을 담당하는 간호사와 사회복지사」로 되어있는 규정이 있어, 뇌사판정의료기관에서 사회복지사를 전문직으로 승인하고 있다.

4) 정신보건법

정신보건법 제7조(정신보건전문요원)를 살펴보면, 「정신보건분야에 관한 전문지식과 기술을 가진 자에게 정신보건 전문요원의 자격증을 교부할 수 있으며(1항), 이 요원은 정신보건간호사, 정신보건임상심리사 및 정신보건사회복지사로 한다(2항)」고 되어 있어, 정신보건영역에서 전문직으로서 사회복지사에 대하여 전문요원 자격을 부여할 수 있도록 제도적 승인을 규정하고 있다.

5) 국민건강보험법 요양급여기준

국민건강보험법 국민건강보험요양급여의 기준에 관한 규칙을 살펴보면, 다음과 같이 제한된 범위이기는 하지만, 사회복지사만 할 수 있는 전문적 활동을 규정하여 이를 인정하고 있음을 알 수 있다.

(1) 국민건강보험 요양급여기준 가운데 '조혈모세포이식의 요양급여에 관한 기준' 제3조(실시기관의 인력·시설 및 장비 등 기준)를 보면, 「① 실시기관에는 다음 각호의 인력이 상근하여야 한다. - 3. 훈련된 간호사, 사회복지사, 영양사, …에 필요한 인력)」라고 되어 있다(보건복지부고시 제2000-50호 : 2000년 9월 1일).

(2) 국민건강보험 요양급여기준, '건강보험요양급여행위 및 그 상대가치점수' 제2부 행위급여목록·상대가치점수표 및 산정지침 제7장 이학요법료 제3절 전문재활치료료에서는 「사-128 재활사회사업 - 주: 1. 재활의학적 치료목적으로 사회복지사가 직접 실시한 경우에 산정한다.」라고 되어 있다(보건복지부고시 제2000-67호 : 2000년 12월 8일).

(3) 요양급여기준, '행위급여목록·상대가치점수표 및 산정지침' 제8장 정신요법료〔산정지침〕(3)을 보면 「… 다만, 정신의학적 사회사업(아-11)은 사회복지사가 직접 실시한 경우에만 산정한다.」고 되어 있다(보건복지부고시 제2000-67호 : 2000년 12월 8일).

4. 의료사회사업활동의 인정수가

1) 장기기증관련 상담수가의 적용

의료사회복지사가 장기기증 순수성평가를 위한 상담을 하는 경우, 혈연·비혈연을 막론하고 살아있는 자의 이식대상자를 선정하는 경우에는 이에 대한 상담료로서, 소정의 수가를 적용할 수 있다.

2) 정신의학적 사회사업의 급여수가

건강보험요양급여비용의 내역에 따른 [정신요법료]를 정리하면 아래의 〈표 2〉와 같으며, 또한 [산정지침]을 살펴보면, 이 가운데, 정신의학적사회사업은 사회복지사가 직접 실시한 경우에만 산정하며, 일반집단정신치료, 정신치료극, 작업 및 오락요법, 정신과적 재활요법, 정신과적 응급처치에 대해서는 정신과전문의 지도하에 정신과전공의 또는 상근하는 전문가(정신간호사, 사회복지사 등)가 실시한 경우에도 산정할 수 있다.

【표 2】 사회복지사가 산정할 수 있는 정신요법료

집단정신치료 - 일반집단치료, 정신치료극
작업 및 오락요법 - 외래의 경우 주 1회, 입원의 경우 주5회 이내
정신과적 재활요법 - 2, 3개월 이상 장기입원치료 후, 퇴원 전 10회 정도산정
정신과적 응급처치
정신의학적 사회사업 가. 개인력조사 : 치료기간 중 1회만 인정 나. 사회사업지도 : 주 1회, 치료기간 중 2회 이내 산정 다. 사회조사 : 주 1회, 치료기간 중 2회 이내 라. 가정방문 : 주 1회, 치료기간 중 2회 이내

3) 재활사회사업 활동과 급여수가

국민건강보험 요양급여기준, 진료수가 및 약제비 산정기준 : 제7장, 제3절 전문재활치료료 사-128 재활사회사업(Rehabilitative Social Work)에서는 다음 〈표 3〉과 같이 재활의료사회사업에 대한 활동의 수가를 인정하고 있다.

【표 3】재활사회사업 행위별 산정수가

> 재활사회사업
> 가. 개인력조사 : 치료기간 중 1회만 인정.
> 나. 사회사업상담 : 주 1회, 치료기간 중 2회 이내 산정
> 다. 가정방문 : 주 1회, 치료기간 중 2회 이내 산정.

5. 의료사회사업의 역할과 기능

오늘날 의료사회사업은 질병에 대한 다각적인 접근방법을 바탕으로, 질병을 가진 개인과 환경과의 상호작용관계에 초점을 두고, 환자 및 가족의 사회기능 향상을 위해 질병의 예방, 치료 및 재활은 물론, 건강증진에 이르기까지 다양한 역할과 기능을 수행한다.

인간은 환경의 변화 속에서 안정된 상태를 유지하기 위해 환경과 더불어 상호작용하는 유기체이므로, 건강이란 개체와 환경간의 균형과 조화의 역동적인 안정상태라고 말할 수 있다.

여기에서 개인의 건강 및 가족과 사회의 건강에 특히 그 목적과 가치를 두고, 인간과 환경, 그리고 그들의 상호작용과 관련하여 연구하고 실천함으로써 인간의 삶을 질(quality)적으로 향상시키려는 한 분야가 바로 의료사회사업이다. 이렇게 건강(Health) 실천분야인 의료사회사업은 WHO(세계보건기구)에 의해 확산되는 건강의 정의를 충분히 포함하기 위해 그 역할과 기능의 범위가 점점 넓어지고 있다.

의료사회사업은 건강관리체계 내에서 실천되므로, 기본적으로는 건강관리기관의 특수성에 따라 그 역할과 기능이 다양하며, 또한 전문적으로 개입하는 각 임상영역별이나, 각 환자의 질환의 종류 등에 따라 매우 다양하게 나누어 설명할 수도 있고, 보건 및 예방사업·치료·재활과정에 따라 다른 역할과 기능을 요구하기도 한다.

그런데 현대의료는 포괄적인 보건의료(Comprehensive Health Care)의 개념으로서, 치료적 개념에서 점차 예방과 보건의 개념으로 발전되어가면서, 모든 건강관리의 주체 및 객체와 원조방법이 상호작용을 하며, 또한 통합적으로 함께 이루어지는 경향이 많다. 따라서, 여기에서는 이러한 통합적인 견지(見地)에서 의료사회사업의 역할과 기능에 대하여 살펴보도록 하겠다.

1) 의료사회사업의 역할

초기의 의료사회사업 활동은 환자의 퇴원 후 사후지도와 가정방문지도, 의학도의 사회심리적 측면에서의 교육, 개별사회사업(Casework)[4]의 접근방법으로 출발하였으며, 이후 의료사회

---
[4] 최근 사용하는 '개별수준의 사회복지실천'을 의미

복지사의 역할은 환자의 갱생과 사회복귀를 위한 노력은 물론, 직업보도나 재활활동 등이 추가되었다. 지금은 의료관의 변천에 따라 의료사회사업의 역할도 다양하게 변화, 확대되어 환자의 질병에 대한 치료영역 뿐만 아니라, 가족 및 지역사회보건사업에도 깊은 관심을 갖고, 의료보건전달체계의 개선이나 의료복지정책에까지 그 역할을 담당하게 이르렀다.

이와 같은 의료사회사업의 역할에 대하여, 국내에서 소개된 대표적인 견해는 다음과 같다.

구종회(1975: 64-65)는 의료사회복지사의 일반적 역할에 대하여 다음과 같이 열거하였다.
① 개별의료사회복지사로서의 역할
② 집단지도 의료사회복지사로서의 역할
③ 심리사회적 진단자로서의 역할
④ 타 전문직 서비스간의 조정 및 통합자로서의 역할
⑤ 사회자원의 동원 및 활용자로서의 역할
⑥ 치료 및 교육훈련의 협조자로서의 역할
⑦ 의료기관의 행정 및 조사자로서의 역할
⑧ 지역사회 보건의료계획 및 조직실천가로서의 역할
⑨ 의료기관 및 관계기관과의 대외적 활동자로서의 역할

한편 김복순(1968: 45-48)은 의료사회사업의 역할을 지원대상에 따라 6가지, 즉
① 의사에 대한 역할,
② 환자의 가족원들에 대한 역할,
③ 환자에 대한 역할,
④ 퇴원계획에 대한 역할,
⑤ 퇴원 후 사후지도에 대한 역할,
⑥ 교육 및 훈련에 관한 역할로 나누어 설명하였으며,

김규수(1999: 116-118)는 의료사회복지사의 전문적 역할로서
① 심리사회적 치료자의 역할,
② 서비스의 조정자의 역할,
③ 자원동원가로서의 역할,
④ 재활치료와 교정자의 역할 등을 제시하였다.

또한, 한인영(2000: 206-208)은 의료사회사업의 역할을 8가지로 나누어 설명하였는데, 이는
① 개인력조사 및 평가,
② 심리, 사회적 상담,
③ 정보제공
④ 퇴원계획 활동,
⑤ 지역사회자원연결 및 사후관리,
⑥ 경제적인 지원활동,
⑦ 협의진료활동,
⑧ 기타활동(자원봉사자, 연구조사, 실습교육) 등이다.

이러한 의료사회사업의 역할에 대한 여러 견해들을 살펴보면, 의료사회사업은 환자와 그 가족들을 대상으로 한 역할과, 의료팀을 대상으로 한 역할로 크게 나눌 수 있으며, 또한 이들 각 견해는 아래 〈표 4〉와 같이 그 구분이나 용어상의 표현에는 다소 차이가 있으나, 전체적인 내용은 동일하거나, 유사하다는 것을 알 수 있다.

【표 4】 의료사회사업의 역할에 대한 각 견해 비교

구종회(1975) (일반적인 역할)	김복순(1968) (대상에 따른 역할)	김규수(1999) (전문적 역할)	한인영(2000) (전문상담가 역할)
타전문직 서비스간의 조정 및 통합자	의사에 대한 역할	서비스의 조정자	협의진료활동
개별의료사회복지사 집단지도의료사회복지사 심리사회적 진단자	환자에 대한 역할, 환자의 가족원들에 대한 역할	심리사회적 치료자	개인력조사 및 평가, 심리·사회적 상담
			정보제공 퇴원계획 활동
사회자원의 동원 및 활용자 지역사회 보건의료계획 및 조직실천가	퇴원계획에 대한 역할	자원동원가	지역사회자원연결 및 사후관리, 경제적인 지원활동
치료 및 교육훈련의 협조자	퇴원 후 사후지도에 대한 역할	재활치료와 교정자	
의료기관의 행정 및 조사자 의료기관 및 관계기관과의 대외적 활동자	교육 및 훈련에 관한 역할		기타활동(연구조사, 실습교육 등)

이 가운데, 의료사회복지사의 전문적인 역할을 설명하면 다음과 같다(김규수, 1999: 116-118).

(1) 심리사회적 치료자의 역할

질병으로 야기되는 심리적인 문제는 바람직한 의료서비스를 받는데 장애가 되기 쉬우므로, 환자가 안정감과 자신감, 그리고 용기를 갖도록 지지적인 개별사회사업의 치료적 역할과, 재활환자의 경우 자신의 과소평가로 인한 문제 등을, 집단사회사업의 활동을 통하여 성취감과 자신감을 갖게 하고, 참여의욕을 증진시킴으로써, 당면문제를 해결하거나 완화되도록 돕는 치료적인 역할을 말한다.

또한, 환자와 가족관계에서 야기되는 문제를 가족이 어떻게 수용하느냐 하는 문제로서, 질환의 특성을 이해시켜서 가족의 치료적인 협력과 분위기를 조성하여, 환자의 재적응의 문제를 돕는 활동을 한다.

(2) 서비스의 조정자의 역할

치료에 참여하는 여러 다른 건강관리요원과 함께 각기 다른 전문적인 진단과 치료 및 서비스 계획을 수립함에 있어서, 심리사회적, 경제적인 정보를 의료팀에 제공하여 환자의 전인적인 이해를 증진시키고 의료팀의 종합적이고도 통합적인 서비스를 위한 협력과 조정을 담당한다.

또한 중요한 것은 우리나라와 같이 의료보장제도가 미비한 경우는 환자의 진료비문제가 중대한 문제가 아닐 수 없다. 따라서 진료비문제를 위한 병원내적인 조정절차, 또는 외부 자원의 활용을 위한 조정이 중요한 과제이다.

(3) 자원동원가로서의 역할

의료적 치료에 있어서나 재활(의료적, 심리적, 사회적)과정에 있어서 인적, 물적, 제도적, 병적인 자원을 필요로 하고 있다. 물론 병원내의 의료적인 사회자원의 활용을 극대화하기 위해 자원조직화를 비롯하여 환자의 병 회복과 재활 및 사회복귀를 위한 지역사회의 공·사적인 사회자원을 조직하고 동원하는 것이 타전문가와 다른 독특한 역할이다.

(4) 재활치료와 교정자의 역할

재활의료팀에서 심리사회적 측면의 조사연구와 평가, 치료, 훈련, 지도 및 서비스의 계획수립에 협력하여 생활지도적, 심리사회적, 그리고 직업적 등의 종합적인 재활과정에 참여하여 치료나 교정을 한다.

특히 장애로 생기거나 재활과정에서 파생될 수도 있는 심리사회적인 제 문제나 행동반응, 즉 자기중심적, 비사회적, 퇴행적, 자폐적, 정서적 불안 등을 치료하거나 교정 및 생활 지도를 하여 사회기능 회복이나 잠재기능을 개발하도록 돕는다. 또한 재활의 대상도 다양하고 재활자체가 복합적인 접근이 요구되기 때문에 재활에 참여하는 전문영역도 많다. 재활팀에 환자의 심리사회적 재요인을 이해시켜서 상호협력적인 활동을 하게 된다.

2) 의료사회사업의 기능

현대의 건강개념은 생태학적으로 해석되고, 건강과 질병이 연속적인 것으로 인식됨에 따라, 이에 대한 건강관리에 있어서도 건강한 상태로부터 불건강, 질병, 회복의 모든 상태에 대하여 대처하는 포괄적인 보건의료(Comp- rehensive Health Care)가 필요하게 되었다.

즉, 보건이란 의학적 치료를 포함하여 환자나 그 가족들의 포괄적 생물심리사회적(bio-psycho-social) 요구까지 초점을 맞추는 체계로서, 여기에서 사회사업은 특별한 지식과 능력, 그리고 가치를 갖고 개인과 집단, 또는 지역사회에 환자 자신과 그가 처한 환경에 잘 적응할 수 있도록 조직적인 활동(organized service)을 수행하는 것이다.

따라서, 이러한 포괄적이고도 지속적인 의료를 제공하기 위한 의료사회사업의 기능은 다음의 것들을 포함한다(Hubschman, ed., 1983: 10).
① 심리적, 신체적 안녕의 증진과 유지
② 단기적, 또는 장기적 의료에 있어서의 최대한의 의료의 증진
③ 신체적, 정신적 질병의 예방
④ 환자의 질병, 또는 불구에 대한 사회적, 정서적인 측면에 대한 관심과 신체적, 심리사회적 기능의 증진.

미국사회복지사협회(NASW, 1987: 6-7)는 의료사회사업 실천의 기능을 '의료사회사업 실천

기관의 사명에 부합하는 서비스를 환자집단과 지역사회에 제공하는 것으로, 여기에는 직접적 서비스, 자문, 교육, 정책과 프로그램 계획, 지역사회와의 연결, 조사 연구 등이 포함된다'고 규정하였는데, 이 정의에 기초하여 Cowles(2000: 34)는 의료사회사업실천의 기능을 좀더 구체적으로 직접적 기능과 간접적 기능으로 다음과 같이 구분하였다.

① 직접적 기능에는 심리사회적 개입이나 경제적 지원과 같이 사회복지사가 환자 또는 가족에게 직접 제공하는 서비스들이 포함되고,
② 간접적 기능에는 사례자문이나 건강교육, 프로그램 개발과 같이 병원이나 지역사회에 대한 개입을 통해 특정한 환자나 가족뿐만 아니라, 잠재적 클라이언트까지 도움이 되는 서비스를 포함한다. 간접적 기능은 다시 조직을 대상으로 하는 것과 지역사회를 대상으로 하는 것으로 세분화 할 수 있다.

의료사회사업 실천의 직접적 서비스는 환자와 가족의 사회적 기능을 향상시키는 것으로서, 의료사회복지사는 환자와 가족에게 정서적 지지를 제공하고, 인지적·감정적·행동적 능력의 향상을 지원하며, 대인관계적 기능을 회복, 또는 향상시키기 위한 활동을 한다. 또한, 환자 및 가족에게 중요한 타인, 즉 친구, 친척, 이웃, 학업 또는 직업적 관계에 있는 사람들의 태도변화를 목적으로 한 활동이 포함된다.

의료사회사업 실천의 간접적 서비스의 목적은 환자와 가족의 사회적 조건을 향상시키는 것으로서, 직접적인 접촉과정에서 드러난 문제의 해결을 위해 인적·물적 자원을 동원하여 수행하는 서비스를 말한다. 간접서비스의 모델로는 지역사회조직, 재정 및 인력관리, 정책분석, 프로그램 평가, 사회행동, 슈퍼비전 등이 있다(이윤로, 홍영수, 2001: 49-53).

이상에서 살펴본 의료사회사업의 다양한 기능은 다음과 같이 요약하여 정리할 수 있다(이광재, 2005 : 410).

① 의료사회복지사는 건강관리팀의 일원으로서, 다른 팀 성원과 협력적인 활동을 수행한다.
② 환자의 질병에 따른 심리적, 사회적, 경제적 제 요인과 이에 관련된 자원을 사정, 평가한다.
③ 전문적인 상담치료와 교육을 제공한다.
④ 지역사회자원의 조직과 동원 및 정책개발 등을 통하여,

⑤ 환자가 정상적으로 가정과 사회에 복귀할 수 있도록 지원한다.
⑥ 환자는 물론 가족의 건강관리가 원활하게 이루어질 수 있도록, 다각적인 방법으로써 원조한다.

이 같은 의료사회사업의 기능은 ① 질병이나 신체적 장애 및 의료적 처치에 관련된 사회적 요구와 그 문제에 핵심을 두고 있다는 점. ② 의료기관에서 타 전문요원과의 협동적인 활동으로, 다양한 서비스를 창출해 내는 일을 한다는 점. ③ 지역사회의 의료적, 사회복지적인 서비스를 조정하고, 지역사회자원을 연결시키는 점 등이 타 영역에 비해 그 독특성이 있다고 할 수 있는데, 의료사회사업의 본질적인 기능을 살펴보면 다음과 같다(김규수, 19 99: 106-108).

(1) 팀 협동

의료사회복지사는 환자의 개인력, 가족적 사회적, 경제적 상태나 관계, 기능에 관해서 정확하게 파악하고 사정, 평가하여, 의사, 간호사, 사회복지사, 물리치료사, 작업치료사 등으로 구성된 건강관리팀 구성원에게 합리적이고 정확한 진단과 전인적인 진료를 위하여, 정보를 제공하고 이해시키며, 협동적인 진료계획을 설정하는 데 상호협동을 한다.

(2) 직접적인 서비스

의료사회복지사는 환자 및 가족에 대한 정보를 수집하여 문제를 평가하며, 문제해결에 적합한 직접적인 사회사업서비스를 제공한다. 필요에 따라 가족이나 직장 및 환자와 사회적 관계를 이루고 있는 관련자들이 동원되기도 하며, 환자의 병원생활 적응은 물론 질병으로 인하여 야기(惹起)되는 심리적, 사회적 및 경제적인 문제에 관하여 도움을 제공한다.

의료사회복지사가 환자나 가족에게 직접 개입하는 주요문제들은 심리사회적 문제, 정서적인 문제, 가족문제, 경제적인 문제, 퇴원문제, 사회복귀 및 재활문제 등이다.

(3) 병원 내 프로그램의 계획

의료사회복지사는 효과적인 환자 치료를 위하여 병원행정이나 서비스에 대한 제안을 하며, 새로운 프로그램의 개발에 적극적으로 참여한다. 즉, 사회사업의 전문적인 지식과 경험을 비롯하여, 보건의료의 전달체계와 병원행정이나 병원서비스가 지역사회 사업자원으로 대내외적인 기능을 다할 수 있도록, 병원의 정책결정과정에 참여하여 보건 및 사회복지적인 서비스를 위한 프로그램의 제안이나 설정에 개입하게 된다.

예컨대, 의료의 질 보장을 위한 업무(Quality Assurance)로서, 고객만족도 조사, 병원서비스 및 운영에 관한 분석, 건강교육 프로그램 계획 및 실시, 적정진료위원회 활동, 환자의 불편, 불만사항 접수 및 처리 등의 역할을 말한다.

(4) 지역사회자원의 연결 및 지역사회 보건사업에 참여

의료사회복지사는 지역사회의 사회복지기관이나 의료기관 및 행정당국과의 관계를 통하여, 진료 및 예방사업의 다양화와 양질의 서비스를 제공할 수 있도록 지역사회자원을 조직하고 동원한다.

특히 의료사고 및 정신질환으로 인한 장애를 극복하기 위하여, 지역사회자원을 동원하고 조직하는 활동이 반드시 필요하다.

이러한 역할로는 무료진료 계획 및 실시, 건강교육 계획 및 실시, 자원봉사자 관리 운영, 지역사회 내의 기관연결 및 자원동원 등이 있다.

(5) 교육프로그램에 참여

건강관리기관의 규모에 따라 차이가 있겠으나, 수련병원에서 특별히 의과 대학생, 간호학과 학생, 사회사업학과 학생들의 보건·의료영역의 전문적인 교육과 임상실습지도를 하는 데 참여하여, 건강관리팀의 일원으로서 사회복지사의 기능과 역할을 소개하고 전인적인 진료를 위한 다양한 프로그램을 지도한다.

(6) 의료에 관련된 조사연구에 관여

의료사회복지사는 사회사업조사를 활용하여, 보건·의료분야에서 기초자료수집, 의료 서비스의 평가, 새로운 프로그램의 착안을 위한 기반조성에 적극적으로 참여한다. 즉, 의료사회사업 활동을 필요로 하는 수요를 측정하고, 이러한 요구에 따라 새로운 프로그램을 개발하며, 병원 행정이나 정부의 보건의료 정책에 조사연구를 통해 문제점과 개선방향을 제시한다.

예컨대, 지역사회 주민의 의료욕구 및 의료이용도 조사, 의료사회사업활동 평가 및 프로그램 개발 등의 역할이 이에 속한다.

6. 의료사회사업 현장에서의 직무

의료사회사업 현장에서 사회복지사는 앞 장에서 살펴본 바와 같이 의료사회사업의 목적을 위한 전문직으로서의 역할 및 기능과 더불어, 보건·의료분야에서 요구되는 특수한 직무를 수행한다.

즉, 질병을 가진 개인과 그의 가족은 물론 의료·보건계 종사자 및 의료제도 등을 대상으로, 사회사업의 전문적 방법과 사회복지조사, 의료복지정책 등 다각적인 접근방법을 통하여, 환자 및 가족의 사회기능 향상, 질병의 예방과 치료 및 재활 등 다양한 목적을 달성하기 위하여, 보건·의료분야에서 수행되어지는 사회사업의 전문적인 실천분야가 바로 의료사회사업이다.

의료사회사업의 모든 활동은 보건·의료서비스가 실천되어지는 건강관리의 장(setting)에서 수행되어지므로, 의료사회사업은 이를 구성하는 요소, 즉 ① 건강관리의 객체(대상), ② 건강관리의 주체 등에 따라 그 직무를 구별하여 설명할 수 있다.

여기에서는 먼저 의료사회복지사의 직무분류에 대한 기존연구들 가운데, 건강관리의 객체로서의 문제유형에 따른 직무와 서비스 대상 집단에 따른 직무, 그리고 건강관리의 주체인 의료기관 및 전문영역에 따른 표준직무를 살펴봄으로써, 의료사회사업의 직무를 이해하고자 한다.

1) 직무분류에 관한 연구들

그동안, 의료사회복지사의 직무를 분류한 기존의 연구(AHA, 1981: 61-79)들은 ① 병원의 규모(미국병원협회: AHA, 1981), ② 직무의 중요도(Coulton, 1979), ③ 서비스 수혜 대상(미국사회복지사협회: NASW, 1981), ④ 의료사회복지사의 직급(Scsony, 1991), ⑤ 환자의 문제유형(유수현, 1978) 등으로서, 특정한 분류기준에 의해서만 의료사회복지사의 직무를 분류하여 왔다.

이들 연구들을 살펴보면, 각기 다른 분류기준에도 불구하고, 구체적 내용은 크게 다르지 않음을 알 수 있는데, 그 분류기준과 내용을 알기 쉽게 비교, 요약하면 다음의 〈표 5〉와 같다(대한의료사회복지사협회, 연세대학교 사회복지연구소, 1997: 26).

【표 5】 의료사회복지사 직무의 분류기준 비교

직무	분류기준	병원크기 (AHA)	문제유형 (유수현)	서비스 대상 (NASW)	직급 (Essentials)	부서장 / 선임사회복지사 / 평사회복지사
사회사업임상직무	심리·사회·정신적 문제해결 직무차원	• 심리·사회적 평가 • 환자와 가족의 상담	심리·사회·정신적 문제 해결	• 서비스 욕구 평가 • 개인, 가족, 집단에 대한 직접서비스와 치료 • 정보와 의뢰 • 장·단기 계획	환자와 환자가족에 대한 모든 사회사업 서비스와 퇴원계획 감독	
					• 임상활동의 일부 • 임상 슈퍼비전	
	경제적 문제해결 직무차원		경제적 문제 해결	재정적 어려움에 대하여 조직 내·외에서의 환자 옹호	• 직접서비스 환자와 환자가족을 위한 모든 사회사업 서비스와 퇴원계획, 사후치료 • 간접서비스 업무분담 치료과정기록 지역사회 자원연결 Team Approach 서비스 계획참여	
	지역사회자원연결 직무차원	• 지역사회자원 연결 • 지역사회기관에 사례 자문	지역사회자원과 연결	지역사회 연결 서비스		
	사회복귀 및 재활 문제해결 직무차원	• 퇴원계획	사회복귀 및 재활 문제 해결	퇴원계획 및 재활 조치		
	Team Approach 직무차원	• 타전문직에 사례 및 프로그램 자문		환자에 대해 전문가들과 자문, 협조		
행정직무	행정직무 차원	• 재정적 지원 • 병원계획 활동	행정사무	지역사회 계획과 조정	부서의 목적과 목표의 개발, 수행, 평가, 재정, 업무분담	
					부서의 정책과 계획에 참여, 인력관리	
					행정사무, 직원회의	

분류기준 직무		병원크기 (AHA)	문제유형 (유수현)	서비스 대상 (NASW)	직급 (Essentials)	부서장
						선임사회복지사
						평사회복지사
교육 및 연구	교육 및 연구직무 차원	서비스 검토 과정에 참여 연구조사	교육 및 연구, 조사		직원교육 프로그램 개발, 수행, 평가 직원들에게 자문제공	
					서비스 프로그램 계획, 개발, 평가	
					교육 및 연구참여	
기타	기타직무 차원	• 입원 전 계획 • 사례발견이나 사회적 위험요소의 발견 • 병원서비스 활용 촉진 • 건강교육 • 지역사회서비스 활동	기타 직무	• 입원계획 • 사례발견 • outreach • 환자의 권리와 자격에 대한 보호 • 건강교육과 증진 • 위험집단 발견 및 서비스	위원회 참여, 병원을 대표, 타부서와 협동	
					직원 간 문제해결	
					• 환자, 가족, 타 전문직, 병원직원과의 관계유지, • 지역사회 기관과의 의뢰 관계유지 등	

이 같은 다양한 직무분류 방법에서는 심리·사회·정신적 문제해결과 같이 환자에게 직접 서비스를 제공하는 서비스만을 의료사회사업의 임상직무의 영역 안에 넣고 있으나, 『Essentials』에서는 지역사회 자원연결이나 팀 접근(team approach)과 같이, 간접적으로 환자의 문제해결에 도움이 될 수 있는 서비스도 임상 직무에 포함시켰는데, 이는 현대사회에서 의료사회사업의 임상서비스 범위가 확대되어 가는 추세를 반영해 주고 있다. 즉, 환자의 질병과정이나 환경적 요인들이 다양해지면서, 환자와의 1대1 면접만으로는 문제해결에 도움을 주는데 한계가 있기 때문이다.

그러므로 의료사회복지사의 임상 직무도, 환자와 그의 가족은 물론 의료기관 내의 타전문직, 지역사회까지 확대되고, 직무수행에 필요한 기술도 상담, 자문뿐만 아니라, 환자옹호나 지역사회조직방법까지 포함하게 되었다.

따라서 이들 분류에 대한 연구들의 공통적인 내용은, 환자 대상의 임상직무와 환자 이외의 대상에 대한 직무를 구분하여, 【표 5】에서 의료사회복지사의 직무를 4가지 차원, 즉 ① 임상직무, ② 행정직무, ③ 교육 및 연구직무, ④ 기타 등으로 나눈 것이다.

2) 문제유형에 따른 직무

유수현은 환자를 대상으로 하는 임상직무 외의 직무들도 포함하여, 의료사회복지사의 직무를 수행되고 있는 문제유형별 직무의 우선순위에 따라 7가지로 분류한 후, 각 문제유형별로 구체적 직무들을 5가지씩 포함한 총 35개의 직무를 제시하였는데, 이를 요약하면 다음의 【표 6】과 같다(유수현, 1978: 41-44).

【표 6】 의료사회사업의 문제 영역별 직무내용

문 제 영 역	직 무 내 용
행정·사무	• 보고서 작성 • 사례 과정기록 및 정리보관 • 문서수발업무 • 실적통계 및 분석평가 • 사업계획수립

경제적
문제해결업무
	• 경제능력조사 및 사정
	• 진료비 감면처리업무
	• 의료시혜, 의료봉사업무
	• 극빈환자 의료비보조 및 기타 경제적 지원
	  (여관비, 교통비, 장례비 등 보조지원)
	• 무의무탁환자 및 행려병환자 처리업무
	  (입원, 전원, 수용, 의뢰 등)

심리사회적·정신적 문제해결업무	• 심리사회적, 정신적 문제의 원인조사 및 평가 • 개인적, 가족적, 사회적 역사 및 배경 조사 • 문제해결을 위한 상담 • 집단치료와 활동지도 • 의료진과의 협의진단

문제영역	직 무 내 용
지역사회자원과 연결업무	• 자원체계의 정보수집 및 제공 • 자원활용상담 • 지역사회기관과 상호의뢰 및 알선 • 지역사회 이동진료 • 자원동원 및 모금활동
사회복귀 및 재활문제해결업무	• 퇴원계획상담 • 재활계획상담 • 직업훈련 및 취업지도 • 추가치료 및 자가치료지원 • 회복상태 및 사회적응정도 평가
교육 및 연구·조사업무	• 실습지도 • 직원교육 • 임상연구회의 참석 • 학술회의 참석 • 의료사회사업 연구 및 조사
기타 업무	• 자원봉사자 관리지도운영 • 무료혈액 공혈업무 • 어린이 대기실, 독서실 등의 시설관리 운영 • 입퇴원절차 지도 • 이외의 활동

3) 서비스 대상 집단에 따른 직무

미국사회복지사 협회의 Health Quality Standards Committee(1981)에서 마련한 『의료기관에서의 사회사업 기준』에 의하면, 모든 의료기관은 사회사업 서비스를 제공해야 한다고 규정하고 있다. 사회사업 서비스로는 ① 개인, 환자가족, 환자의 주변인물에 대한 서비스 ② 특별한 집단, 지역사회 그리고 건강과 관련된 프로그램 서비스 ③ 교육체계로의 서비스를 포함해야 한다고 규정하고 있다.

따라서 의료사회복지사의 기능을 ① 직접서비스 ② 자문 ③ 교육정책과 프로그램 계획

④ 질 보장(Quality Assurance) ⑤ 옹호 및 지역사회와의 연결 ⑥ 연구활동 및 사회사업 실습교육과 다른 교육 책임들 등의 6가지로 제시하고, 의료서비스와 대상 집단을 환자 집단뿐만 아니라, 지역사회까지 확대시켜 보다 광범위한 서비스를 지향하고 있다.

(1) 클라이언트 집단에 대한 구체적 직무

① 사회사업 서비스의 욕구측정
② 입원계획, 퇴원계획
③ 개인, 가족, 집단에 대한 직접 서비스와 치료
④ 사례 발견 및 out-reach
⑤ 정보와 의뢰
⑥ 재정적 어려움에 대한 주의를 포함하여 조직 내·외에서의 환자 옹호
⑦ 환자의 권리와 자격에 대한 보호
⑧ 장·단기 계획
⑨ 건강과 정신건강의 유지와 증진
⑩ 예방적, 치료적, 재활적 조치들
⑪ 의료체계로의 접근과 효과적인 활용을 보장하는 치료의 연속성 제공

(2) 지역사회에 대한 서비스

① 기존의 의료서비스를 통해서 충족되지 못한 욕구 발견 및 서비스를 수혜받지 못한 집단 발견
② 위험집단의 발견과 이들에 대한 서비스
③ 환자의 보호와 건강의 증진에 대하여 외부조직과 전문가들과 자문 및 협조
④ 지역사회 연결 서비스
⑤ 심리·사회 / 건강교육과 증진

3) 의료기관 및 전문영역에 따른 표준직무

1997년도에 조사된 대한의료사회복지사협회(연구수행기관: 연세대학교 사회복지연구소)의 연구는 전국의 의료사회복지사들을 대상으로 현재 수행하고 있는 직무의 종류와 빈도를 실

태조사하고 나아가 이들이 발전지향적인 관점에서 필요하다고 인식하고 있는 직무들을 분석한 후, 이들 직무들을 토대로 하여, 모든 의료사회복지사가 기본적으로 수행하여야 하는 핵심직무를 선정하고, 아울러 대학병원과 종합병·의원으로 구분된 병원의 규모와 일반/재활의료영역과 정신의료 영역으로 구분된 전문영역에 따라, 4개 집단별 표준직무를 〈표 7〉과 같이 선정하였다(대한의료사회복지사협회, 연세대학교 사회복지연구소, 1997: 77-80).

【표 7】 의료기관 및 전문영역에 따른 표준직무

대학부속병원 일반·재활의료	대학부속병원 정신의료
12. 내원객의 욕구에 의한 환자의 개별상담 13. 사회보장 및 법적제도에 대한 정보제공과 지원 14. 지역사회의 자원개발 및 새로운 정보망 조성 15. 수집된 기존 지역사회의 자원체계에 대한 정보 제공	12. 사회보장 및 법적제도에 대한 정보제공과 지원 13. 병원내의 자원을 이용한 진료비 지원 14. 지역사회의 새로운 자원개발 및 정보망 조성 15. 수집된 기존 지역사회의 자원체계에 대한 정보제공

핵 심 직 무	
심리·사회·정신적 문제해결	1. 심리·사회적 문제의 원인 조사 및 사정 2. 치료계획에 의한 환자의 개별치료 3. 환자와 환자가족의 교육 4. 환자와 환자가족에게 질병에 대한 정보 제공
경제적문제해결	5. 후원자(단체)연결 등을 통한 병원 외적 자원과 연결
지역사회자원연결	6. 지역사회자원과 연결
사회복귀 및 재활문제 해결	7. 퇴원계획 상담
Team-Approach	8. 사례분석 평가
사회사업부서의 순수행정	9. 보고서 및 업무일지의 기록 10. 사회사업부서의 운영에 관한 회의
교육 및 연구조사	11. 전문성 제고를 위한 교육 참여

종합병·의원 일반·재활의료	종합병·의원 정신의료
12. 치료계획에 의한 환자의 가족치료 13. 수집된 기존 지역사회의 자원체계에 대한 정보 제공 14. 질병에 의한 고위험 환자의 발견 15. 실습생 지도	12. 내원객의 욕구에 의한 환자의 가족상담 13. 집단활동 지도 14. 사회생활 훈련지도

(1) 의료사회사업의 핵심적 표준직무

대한의료사회복지사협회의 연구에서, 의료기관이나 전문영역에 관계없이 전체적으로 선정된 핵심직무를 살펴보면 다음과 같다.

심리·사회·정신적 문제해결 직무차원에서는 ① 심리·사회적 문제의 원인조사 및 사정, ② 치료계획에 의한 환자의 개별치료, ③ 환자와 환자가족의 교육, ④ 환자와 환자가족에게 질병에 대한 정보제공의 4개 직무가 선정되었으며, 경제적 문제해결 직무차원에서는 ⑤ 후원자(단체)연결 등을 통한 병원외적 자원과 연결의 1개 직무, 지역사회 자원과 연결 직무차원에서는 ⑥ 지역사회 자원과 연결의 1개 직무, 사회복귀 및 재활 문제해결 직무차원에서는 ⑦ 퇴원계획 상담의 1개 직무, Team Approach 직무차원에서는 ⑧ 사례분석 평가의 1개 직무, 그리고, 사회사업부서의 순수행정 직무차원에서 ⑨ 보고서 및 업무일지의 기록과, ⑩ 사회사업부서의 운영에 관한 회의 등, 2개 직무, 교육 및 연구조사 직무차원에서 ⑪ 전문성 제고를 위한 교육참여, 1개 직무 등 11개 직무가 표준직무로 선정되었다.

(2) 대학부속병원 일반·재활의료영역의 표준직무

각 의료기관과 전문영역에 따른 표준직무 선정에 있어서 대학부속병원의 일반의료, 재활의료사회사업에서는 핵심직무 11개 직무에 포함되지는 않지만, 이 집단에서 중요하다고 제시된 4개 직무, 즉 심리·사회·정신적 문제해결 직무차원에서 ① 내원객의 욕구에 의한 환자의 개별상담 1개 직무와 경제적 문제해결 직무차원에서 ② 사회보장 및 법적 제도에 대한 정보제공과 지원 1개 직무, 지역사회 자원과 연결 직무차원에서 ③ 지역사회의 새로운 자원개발 및 정보망 조성, ④ 수집된 기존 지역사회의 자원체계에 대한 정보제공 2개 직무 및 공통적인 핵심직무 11개를 포함하여 총 15개 직무가 표준직무로 선정되었다.

(3) 대학부속병원 정신보건영역의 표준직무

대학부속병원의 정신보건사회사업에서는 핵심직무 11개 직무 외에, 이 집단에서 중요하다고 제시된 4개 직무, 즉 경제적 문제해결 직무차원에서 ① 사회보장 및 법적 제도에 대한 정보제공과 지원, ② 병원 내의 자원을 이용한 진료비 지원 등 2개 직무,

지역사회 자원과 연결 직무차원에서 ③ 지역사회의 새로운 자원개발 및 정보망 조성, ④ 수집된 기존 지역사회의 자원체계에 대한 정보제공 2개 직무를 포함하여 총 15개 직무가 표준직무로 선정되었다.

(4) 종합병원, 병·의원 일반·재활의료영역의 표준직무

종합병원, 병·의원의 일반·재활의료영역에서는 핵심직무로 선정된 11개 직무 외에, 핵심직무에 포함되지는 않지만 이 집단에서 중요하다고 제시된 4개 직무, 즉 심리·사회·정신적 문제해결 직무차원에서 ① 치료계획에 의한 환자의 가족치료 1개 직무, 지역사회 자원과 연결 직무차원에서 ② 수집된 기존 지역사회의 자원체계에 대한 정보제공 1개 직무, 팀 접근(team appro-ach) 직무차원의 ③ 질병에 의한 고위험 환자의 발견, 교육 및 연구조사 직무차원의 ④ 실습생 지도 1개 직무 등을 포함하여 역시 15개 직무가 표준직무로 선정되었다.

(5) 종합병원, 병·의원 정신보건영역의 표준직무

종합병원, 병·의원의 정신보건사회사업에서는 핵심직무 11개 직무 외에, 핵심직무에 포함되지는 않지만 이 집단에서 중요하다고 제시된 3개 직무, 즉 심리·사회·정신적 문제해결 직무차원에서 ① 내원객의 욕구에 의한 환자의 가족상담, ② 집단활동지도 2개 직무, 사회복귀 및 재활 직무차원의 ③ 사회생활 훈련지도 1개 직무를 포함하여 총 14개 직무가 표준직무로 선정되었다.

이와 같이 의료기관과 전문영역에 따라 직무를 분류할 수 있으나, 이러한 집단별 표준직무는 직무수행실태와 필요도 인식에 따른, 일정한 순위에 의한 선정이므로, 그 집단만이 전문적인 직무는 아니며, 다른 집단에서의 공통적인 직무가 될 수 있다. 예컨대, 11가지 공통적인 핵심적 직무 이외에, 수집된 기존 지역사회의 자원체계에 대한 정보제공직무는 종합병원, 병·의원의 정신의료영역을 제외한 모든 집단에서 모두 표준직무로 선정되었으며, 실습생 지도와 같은 직무는 각 집단의 표준직무에서 제외되고, 종합병원, 병·의원의 일반·재활의료영역에서는 표준직무로 선정되었으나, 현실적으로 실습생 지도는 각 집단에서 모두 이루어지고 있다.

따라서, 의료사회사업의 직무는 11가지의 공통적인 핵심업무를 포함하여, 대부분의 직무가 상호 공유될 수 있는 것이다.

그러나 개별의료기관의 특성에 따라 수행되어지고 있는 의료사회사업 서비스와 제공되는 프로그램은 병원의 규모와 전문영역별로 그 내용에 있어서 차이가 날 수 있다.

그런데 의료사회사업의 실제 현장에 있어서는, 하나의 직무활동이 몇 개의 역할과 기능을 동시에 하기 위하여 수행될 수도 있다. 또, 더 나아가서는 사람들과 자원체계 사이와 그 내부에 존재하는 연결이 상호작용적인 성질이기 때문에, 하나의 연결을 변화시키려는 사회복지사의 특수한 활동이나 과업은 다른 여러 개의 연결에 상대적인 변화를 연속적으로 일으킴으로써, 그 외의 다른 역할과 기능도 성취할 수 있는 것이다(Pincus & Minahan, 1973: 15).

···▶ **토의과제**

(1) 병원 사회사업가와 목회 상담자의 공통점은 무엇이며 차별적인 접근방법에 대하여 논의해 보자.

(2) 의료법 중 의료사회복지사의 역할에 대하여 연구하고 병원목회 상담사의 제도권 도입방안을 모색해 보자.

(3) 의료기관에서 사회복지사의 사회적 책임과 정의는 무엇이며 병원목회 상담사의 최종적인 목적은 무엇인가를 규명해 보자.

【참고문헌】

- 구종희, (1975), "한국의료사회사업의 현황과 문제에 관한 연구", 연세대학교 교육대학원 석사학위논문 : 의료사회사업논문집, (1989), 대한의료사회복지사협회.
- 김규수, (1999), 「의료사회사업실천론」, 대구 : 형설출판사.
- 김덕준, (1976), "의료사회사업 연구: 그 기술과 역할을 중심으로", 사회사업연구, 제10집(중앙대학교 사회복지학과).
- 김복순, (1968), "한국의료사회사업에 대한 고찰", 이화여자대학교 대학원 석사학위논문.
- 김영모, (1991), 사회복지학, 서울 : 한국복지정책연구소 출판부.
- 대한의료사회복지사협회, 연세대학교 사회복지연구소, (1997), 의료사회사업가의 직무표준화를 위한 연구.
- 유수현, (1978) "종합병원내 의료사회복지사의 전문적 지위에 관한 연구" 석사학위논문, 숭실대학교 대학원.
- 이광재, (2005), 「의료사회사업원론 제2판」, 서울 : 인간과복지.
- 이윤로, 홍영수, (2001), 「의료사회사업론」, 서울 : 학지사.
- 한인영·최현미, (2000), 「의료사회사업론」, 서울 : 학문사.
- American Hospital Association: AHA, (1981), in G. I. Krell & G. Rosenberg, "Predicting Patterns of Social Work Staffing in Hospital Settings", Social Work in Health Care, Vol. 9, No. 2, 1983 winter, pp. 61-79.
- Bracht, Neil F. (1978), Social Work in Health Care : A Guide To Professional Practice. New York : Haworth Press.
- Cowles, L. A. F. (2000), Social Work in The Health Field : A Care Perspective. New York : The Haworth Press.
- Gorey, Kevin M. (1995), "Environmental Health : Race and Socioeconomic Factors." Encyclopedia of social work, 19th, NASW press, pp. 868-871.
- Lynn Hubschman(ed), (1983), Hospital Social Work Practice, Prager Publishers.
- NASW, (1987), NASW Standards for Social Work in Health Care Settings, Washington, DC : NASW Press.
- Pincus, Allen. & Minahan, Anne, (1973). Social Work Practice : Model and Method. Itasca, Illinois : F. E. Peacock Publishers, Inc.
- Stroup, Herbert, Hewitt. (1948), Social Work, New York : American Book Co.
- Upharn, Francis, A. (1960). Dynamic Approach to Illness. New York : Family service Association of America.
- Wilkinson, R. (1996). Unhealthy societies: The afflictions of inequality. New York: Routledge.

Chapter 5

자기성장과 에너지 관리

방영숙: 평생교육학 박사
CES창조역량연구소 소장

1. 자기 성장

1) 자기성장이란?

자기성장(self-growth)이란 인간이 타고난 잠재능력, 의지, 동기, 가치, 신념 등을 총체적으로 통합 발전해 나가는 변화를 의미한다(Maslow, 1970; Patterson, 1973; Rogers, 1961). 인간은 태어나면서부터 타고난 기질과 성향을 가지고 있다. 즉 생득적 성향이라 말한다. 첫 번째 생득적 성향은 행복을 추구하고 편안한 정서를 지향하는 성향이다. 두 번째 성향은 좀 더 가치 있고 의미 있는 존재로 자신의 역량개발을 위해서 끊임없이 노력하고 발전하려는 성향이다. 이 두 가지 생득적 성향이 서로 성장·보완하여 통합해나가는 과정을 성장이라 하며 통합된 결과를 자기성장이라 한다.

자기성장이론에 포함되는 인간관 이론으로는 1940년대 중반에 등장하여 훗날 성장이론의 기반을 이룬 매슬로우(A.H. Maslow)의 욕구5단계 이론을 비롯하여, 1960년대에 제시된 맥그리거(D. McGregor)의 X이론·Y이론 등을 들 수 있다. 이러한 자기성장이론은 하위단계인 '동물적·물질적' 욕구보다는 상위단계의 '인간적·정신적' 욕구에 관심을 환기시키면서 상위단계의 욕구를 충족시키는 방향으로 자신을 관리하는 것이 효과적임을 말해주고 있다. 여기서 상위단계 욕구란 자아실현(自我實現), 책임있는 일을 통한 성장, 독자성(獨自性) 등에 관한 욕구가 있는데 그 중에서도 자아실현의 욕구가 가장 중요시되고 있다. 특히 이 욕구에 의해서 유발되는 동기는 자율적인 것으로서 자신의 성장목표를 달성에 전력을 다하도록 한다는 것이다(이해하기 쉽게 쓴 행정학용어사전, 2010. 3. 25., 새정보미디어).

2) 셀프 커뮤니케이션

(1) 자기성장을 위한 커뮤니케이션 체계

21세기는 급격한 변화와 역동의 시기이다. 역동적으로 변화하는 사회 속에서 제자리에 머물러 안주하고자 하다면 뒤처지기 마련이다. 변화에 탁월하게 대처하는 사람들을 하이퍼포머라고 부른다. 현대시대에는 시대적 방향감이 있어야 한다. 하이퍼포머는 변화가 미래라는 것을 내다보며 행동으로 옮기는 사람들이다. 창조적 시대가 요구하는 방향성과 방향감이 일치하지 않는다면 변혁은 가져올 수 없다. 문제는 방향감이다.

21세기에 역행하는 자기 변혁은 하지 말아야 할 것이다. 【그림 1】은 자기성장을 위한 커뮤니케이션의 기본적 구조를 이해할 필요가 있다.

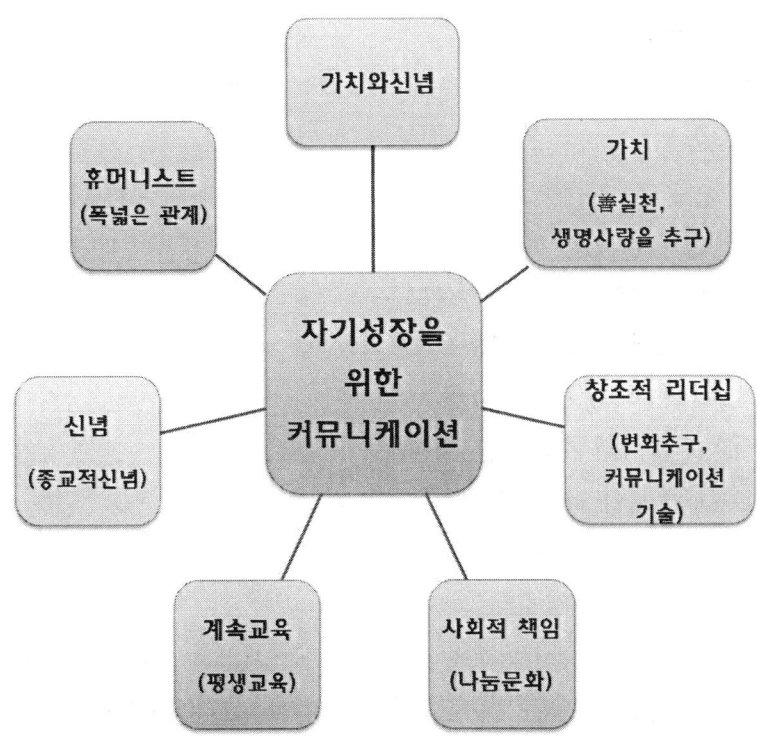

【그림 1】 자기성장을 위한 커뮤니케이션 체계

(2) 자기성장을 위한 커뮤니케이션 기술

자기성장은 두 가지 측면에서 살펴볼 수 있다. 하나는 창조적인 변혁이며, 다른 하나는 자기변혁이다. 창조적 변혁은 개인의 개체성과 독창성에 기반을 둔 변혁을 의미하며, 자기변혁은 자신 스스로부터의 내면과 의지의 변화가 있어야 함을 의미한다. 즉 자신의 성장이 주변 환경에 긍정적이며 비전적 영향을 미치는 리더십이 개발된다. 그것은 자기 변혁은 물론 주변 환경 속의 구성원들의 자발적인 변혁 의지를 북돋을 수 있다. 진정한 자기성장이란 자기 스스로 계획된 것을 끌고 나가는 원동력이다. 원동력을 키울 수 있는 기술에는 커뮤니케이션 기술이 중요하다.

그에 따른 커뮤니케이션 기술은 다음과 같다.
- **자기 스스로의 솔선수범**
  - 긍정적 동기유발
- **칭찬과 격려**
  - 탁월한 경청
  - 방향성
  - 계획
  - 행동과 결과에 따른 피드백 점검
- **정확한 의사표현에 대한 피드백**
- **문제의식에 대한 자유로운 의사표현**
  - 커뮤니케이션을 위한 메타커뮤니케이션
  - 주변 환경과의 끊임 없는 소통 커뮤니케이션
  - 구성원들의 가능성에 대한 믿어주는 신뢰

셀프 코칭 기법 활용(코칭은 지시나 교육이 자신이 하는 과정을 도와주는 기법이다. 해결책 지시가 아닌 과정에 대한 격려와 결과에 대한 자신의 사후관리(Self Follow-up)을 도와주는 역할)

2. 에너지 관리

1) 에너지란?

에너지는 집중하는 곳으로 흐른다. 예를들어 명품만 좋다고 부러워하는 여성분들은 장롱을 열어보면 짝퉁만 잔뜩 있게 마련이다. 하지만 봉사와 도전을 실천하고자 하는 사람들은 선한 영향력을 끼치게 되는 보람된 일과 만나게 된다. 즉 목적의식이 없이 즉흥적이거나 신념과 가치와 의미가 없이 돌진하는 것을 공허한 질주라고 할 수 있다. 그것은 곧 우리의 에너지를 뒷걸음질 치게 만든다.

에너지에는 신체에너지, 감정에너지, 정신에너지, 영적에너지로 구성되어져 있다. 이 4가지 에너지는 서로가 서로에게 역동적 영향을 주며 상생하기도 하지만 서로가 서로에게 파괴하기도 한다. 4가지의 에너지의 파괴를 예방하기 위해서는 배움의 에너지가 큰 역할을 한다. 그 역할은 자신의 긍정적 의식의 변화를 가지고 온다. 가치 있고 보람된 일을 할 때 선한 영향력을 발휘하며 더 큰 에너지 발전소를 만들게 된다. 인간은 아주 복잡한 에너지 시스템을 가지고 있으며 단순하고 명료하게 한 가지 차원으로 이루어지고 있지 않다.

우리가 알고는 있지만 중요하게 생각하지 않고 있었던 것을 함께 생각해 보는 시간을 가져 보자.

- 세상 하나뿐인 지구 ➡ 하나뿐인 나
  하나뿐인 생명
- 인간의 5장6부 ➡ 지구 안에는 5대양 6대주
- 1년 4계절 ➡ 인체 4지
- 1년 12달 ➡ 인체는 12경락
- 1년 365일 ➡ 인체에는 365경혈

2) 에너지 관리

에너지 관리를 시작하기 전에 앞서 우선 내가 누구인지 자신을 정직하게 점검해 보아야 한다. 점검을 하지 않으며 미시적인 문제해결은 가능하지만 거시적인 안목과 계획을 가지고 진행하기란 매우 어렵다. 인간은 어떠한 위치에 있던, 학력이 높던 낮던, 스스로 느끼고 생각할 수 있으며 더 강한 에너지를 발휘할 수도 소멸시킬 수도 있는 능력이 있는 존재이다.

성공적인 자기성장을 경험하기 위해서 자기 스스로 어떠한 일에 몰입하고 있으며 자기성장을 위해서 무엇을 준비하고 있는지를 점검할 필요가 있다.

→ 질문: 지금의 나는 무엇을 원하나요?
_____
_____
_____

질문에 정직하게 답하였다면 이미 에너지 관리를 시작한 것이다.

자신의 성장을 위한 다음 단계를 알아보자. 대부분의 사람들은 금을 좋아한다. 금에는 여러 종류가 있는데 그중 중요한 금 세 가지를 선택한다면 황금, 소금, 지금이다. 황금은 언제나 현금같이 사용할 수 있는 금중에 금이며, 소금은 음식의 간을 하는데 쓰이며 부패를 막아준다. 소금이 안 들어간 산해진미가 산해진미이겠으며, 세상이 부패하지 못하도록 온힘을 쏟는 사람들을 세상과 소금과 같은 사람이다라고 표현한다. 우리들도 각자 소금의 역할을 하면서 인생을 살아가고 있다. 황금, 소금 둘 다 우리에게 가장 소중한 것이다. 그보다 더 가치 있는 금은 지금이며, 바로 지금이라고 할 수 있다.

지금은 현실이며 비전을 시작할 수 있는 스타트 라인이다. 우리가 살아온 역사와 생각, 그리고 환경과 가치관은 다르지만 한 가지 공통점은 바로 비전(vision)이라 할 수 있으며, 비전이란 장래에 대한 구상이며, 미래상이다. 그 미래상은 산 정상이라 비유한다면 등반가가 산 정상에 올라 절정감을 느꼈을 때만이 그 산에 대하여 자신 있게 이야기할 수 있다. 절정이란 단어를 국어사전에서는 산의 맨 꼭대기, 사물의 진행이나 발전이 최고의 경지에 달한 상태로 설명하고 있다.

삶의 절정감이란 우리가 주어진 삶을 살아가면서 수없이 만나고 느끼고 극복해야하는 시간 속에서 목적지를 찾아가는 등반가와도 같다. 등반가는 출발 전에 모든 에너지를 비축해 놓아야만 한다. 인생은 효과적인 에너지 관리에 의해서 행복과 불행이, 성공과 실패가 좌우된다고 해도 과언이 아니다.

나는 에너지 관리를 얼마만큼 하고 있는 지에 대한 스스로에게 질문과 대답을 해보자.

→ 질문 2. 나의 에너지는 어떻게 만들고 있나요?
___
___
___

→ 질문 3. 질적인 삶을 영위하기 위해서는 나는 지금 무엇을 준비해야 할까요?
___
___
___

3) 셀프 패러다임

자신의 에너지 관리를 점검하였다면 완전한 몰입을 위한 셀프 패러다임을 점검해야한다. 패러다임이란 어떤 한 시대를 살아가는 사람들의 견해나 사고를 근본적으로 규정하고 있는 테두리 같은 것이다.

머물러 있는 패러다임	추구해야 할 패러다임
▸ 시간관리 ▸ 스트레스를 회피하라. ▸ 인생은 긴 여정의 마라톤이다. ▸ 휴식은 시간낭비이다. ▸ 성과의 원동력은 보상이다. ▸ 긍정적인 사고의 힘이다. ▸ 공부에는 때가 있다.	▸ 에너지를 점검하라. ▸ 스트레스를 추구하라.(부정적/긍정적) ▸ 인생은 단거리의 연속이다. ▸ 휴식은 재생의 시간이다 ▸ 성과의 보상은 목적이다. ▸ 완전한 몰입의 힘이다. ▸ 공부는 평생 지속되어야 한다.(평생교육)

시간 관리를 잘하는 것보다 더 중요한 것은 에너지 관리를 잘하는 데 있다. 에너지 관리를 잘한다는 것은 스스로 자신을 정직하게 점검하는 것이다. 스트레스는 적이 아니라 자기성

장을 할 수 있는 열쇠가 된다. 스트레스를 긍정적 비전으로 환경을 변화시킬 때만이 발전할 수 있는 계기가 되기 때문이다. 인생은 긴 여정의 마라톤이라는 패러다임에 갇혀 살고 있다. 하지만 인생은 단거리에 연속이다. 단거리 육상선수들은 넘치는 에너지로 충만해 있고 목표지점을 향한 도전정신과 몰입의 힘이 넘쳐나 보인다. 아무리 극도로 긴장감이 쌓여 있더라도 100m나 200m 전반에 결승점이 보이기 때문이다. 그동안 사람들은 휴식을 시간낭비라고 생각하면서 기본욕구에만 충실하고자 하였다. 하지만 21세기가 되면서 인간은 문화와 개성과 가치, 신념 그리고 인생의 목적으로 사고가 전환되면서 휴식이 많아졌으며 그 시간을 자기의 성장을 위한 역량개발의 시간을 가지고자 하였다. 즉 휴식은 재생의 시간이라고 말할 수 있다. 많은 사람들은 직장생활을 하든 무슨 일을 하던지 성과로 보상을 받는다. 그 보상은 곧 현실에 에너지이기 때문이다. 하지만 보상보다도 더 새로운 패러다임은 '보상'이 아니라 '목적'이 되어야 한다. 목적이란 일을 이루려하는 목표이며 그의 실현을 예정하는 것이며 비전이기 때문이다. 즉 성과의 원동력이 보상이 아니라 목적이라 할 수 있다. 자신이 추구하는 비전을 현실로 실현하고자 할 때 긍정적인 사고의 힘만 가지고는 지속하기가 어렵다. 긍정적인 사고뿐만 아니라 완전한 몰입의 힘을 발휘할 때만이 목표한 비전이 이루어질 수 있다.

우리가 비전을 목표로 두었을 때 의식과 신념과 결심을 하였을 때 큰 에너지가 생기며 삶의 절정감을 경험하게 된다.

우리는 다음과 같은 생각을 많이 해봤을 것이다.
- 한번 해 보자!
- 한번 결심을 해 볼까?

공부에는 때(시기時機)가 있다고 말한다. 하지만 공부에는 시기가 정해져 있다는 패러다임을 바꿔야 한다. Aging의 단어에서 ing의 뜻을 생각해보면 진행형이다. 진행형을 쇠퇴와 성장의 2가지 관점으로 볼 수 있다. 쇠퇴는 아무런 의미 없이 늙어간다는 관점이며, 성장은 내가 가지고 있는 시간 속의 희로애락(喜怒哀樂)의 에너지를 세상에 선한 영향력을 미치는 교육의 장으로 환원시켜주는 것이다. 어느 시기에 누구든지 교육은 시작할 수 있으며 지속적인 자기성장을 위한 학습이 이루어져야 한다. 즉 평생교육(Life-long Education)이라 할 수 있다.

변화를 위해 노력할 때 가장 문제가 되는 것은 의식적이고 의지적인 노력은 오래가지 못한다는 것이다. 옛날 속담에 '세살 버릇이 여든까지 간다'라는 말은 곧 진리에 가깝다. 작심

삼일(作心三日)이라는 말을 곰곰이 생각해보자. 의지와 규율이 가능하려면 매번 자신이 지금 무엇을 하고 있는지 자각하고 있어야만 하는데 대부분은 오랫동안 집중할 수가 없기 때문이다. 어느새 예전에 몸에 밴 습관이 자석처럼 우리를 끌어당긴다. 성공적인 삶을 위해서는 분명한 목표가 필요하며 그 목표를 위해서는 적당한 긴장감과 스트레스를 피해갈 수는 없다. 자신은 어느 패러다임에 머물러 있으며 새로운 패러다임으로 전환될 마음이 있을 때만이 비전이란 단어가 다가와 있을 것이다.

4) 셀프 패턴

인간은 생각하는 존재이기에 인간 행동의 변화는 의도한 계획을 가지고 삶에 질을 높이기 위해 끊임없이 노력하면서 발전해가고 있다.

톨스토이(Tolstoy, Aledsey Konstantinovich)는 '지금 이 순간이 제일 중요하다'라고 말했다. 좋아하는 일을 해서가 아니라 즐거운 마음으로 일을 할 때 비로소 능률과 행복은 찾아온다. 이것이 자신의 패턴을 점검하는 가장 큰 이유이다.

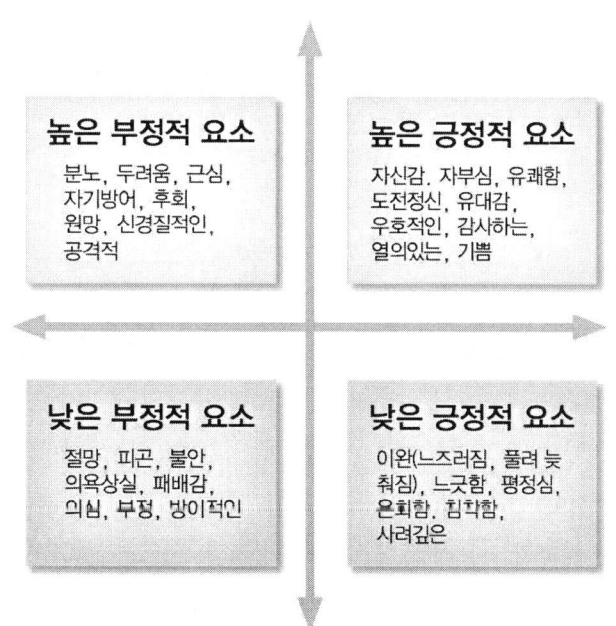

패러다임은 전체적인 환경이라면 패턴은 내가 환경을 조정할 수 있는 나의 선택과 능력이다. 나는 높은 긍정적이든 낮은 긍정적이든, 높은 부정적이든, 낮은 부정적이든 수없이 선택

의 기로에 서있다. 삶의 질을 높이기 위해서는 끊임없이 긍정적인 요소로 전환해야 한다. 그러기 위해서는 자기 자신의 점검이 필요하다.

자신의 긍정적 요소로 전환을 위해서 Life Energy Cycle을 점검해 보자.

에너지는 서로가 서로에게 역동적 영향을 주며 상생하기도 하지만 서로가 서로에게 파괴하기도 한다. 1.1 정신적인 건강과 1.2 신체적인 건강은 서로 맞물려 상생한다. 정신적인 건강은 신체적인 건강을 조절 및 통제를 해줄 수 있고, 신체적 건강 또한 정신적인 건강을 조절 및 통제를 해줄 수 있다. 2.1 구체적인 계획은 1일, 월간, 연간(3년)이다. 그 이후의 계획을 2.2 장기적인 계획(3년 이후)이라고 할 수 있다. 구체적인 계획을 통해서 자신 스스로가 무엇을 어떻게 왜 하는지를 알 수 있으며 비전을 설계할 수 있다. 그 비전설계는 장기적인 계획을 통해서 할 수 있고 장기적 계획을 실천하려면 구체적 계획을 설계하여야 한다. 그것을 계획의 스타트 라인이라고 볼 수 있다. 3.1 현재의 장점은 현재의 내가 즐거워하며 행복하게 잘 할 수 있으며 그 현재의 장점을 통해 역량을 개발시킬 수 있고 그 역량개발을 통해 3.2 개발할 장점을 성취 가능하게 할 수 있다. 4.1 긍정에너지는 내가 평정심, 느긋함, 온화함, 사려 깊은 등의 낮은 긍정성으로부터 시작되며 습관화되었을 때 유대감, 우호적, 유쾌감, 자신감과 자부심, 기쁨 등의 높은 긍정성으로 성장된다. 4.2 부정에너지는 분노, 두려움, 신경질적인, 공격성 등의 높은 부정에너지를 스스로가 자신의 환경을 통제할 수 있는 자기조절을 통해서 점점 낮은 부정(피곤, 불안, 의심, 패배감 등)으로 전환되며 끊임없는 자신의 의지와 에너지 관리를 통해서 긍정 에너지로 전환시킬 수 있다.

3. 행복한 삶과 영성

1) 행복한 삶

인간이 살아가는 목적은 행복하기 위해서이다. 불행하고 싶어서 인생을 살아가고 있는 사람은 없다. 가정, 많은 돈, 직업, 사회적 관계가 평안하다고 인간은 행복하다고 과연 말할 수 있을까?

행복이란 개인만의 주관적이며 객관적인 문제가 아니라 작든 크든 공동체를 둘러싸고 있는 공존 소유물이다.

Ellison 등은 '행복은 종교적 신념이다.'라고 말한다. 신념에 대한 확실성은 유익하며 존재론적 안녕감을 일으킨다고 밝혀졌다. 또한 신념이 행복감의 가장 중요한 자원임을 발견하였으며, 신에 대한 인간관의 관계에 긍정적 영향을 미친다고 하였다.

신념은 통제감, 자기확신이다. Toylor와 Brown(1988)은 낙천주의가 안녕감에 영향을 준다고 하였다. 신념은 사건에 대한 의미를 제공하는데, 예를들면 그들이 임의적이지 않다는 것을 보여줌으로써 부정적인 사건 후에 개인적 성장이 가능하다는 것을 증명하였다(행복심리학. Michael Arayle 저).

Fordyce(1997)의 프로그램 중 행복을 증진하기 위한 인지적 요소는 다음과 같다.

- 건강한 성격으로 일하기
- 낮은 기대와 포부
- 긍정적이고 낙천적인 사고의 발달
- 행복을 높게 평가하기
- 더 나은 조직화와 사건 계획하기
- 현재의 지향 개발하기
- 부정적인 감정 줄이기
- 걱정 그만하기

행복을 증기시키기 위한 기술로는 대화기술, 친구 만들기, 협상, 단호함, 그리고 분명한 의사소통이라고 Lewinsohn과 Gotlib(1995)가 정리하였다.

2) 공감 기술

공감이란 다른 사람의 심리적 상태를 그 사람의 입장이 되어 느끼는 것을 통해서 지각하는 방식, 문자적인 의미로는 다른 사람에게 '감정을 이입한다'(feelinginto)는 뜻이다. 이 말은 동감(sympathy)과도 비교될 수 있는데, 동감은 '함께 느낀다'(feelingwith)는 뜻이다. 공감이라는 말의 기원은 19세기 미학과 심리학에서 발견할 수 있다. 당시에 공감은 대상을 알고 이해하기 위한 방법으로 동작을 따라 하고 나서 관찰자가 자신의 운동 감각으로부터 어떤 내용을 추론하는 것을 의미했다(정신분석용어사전, 2002. 8. 10., 서울대상관계정신분석연구소).

공감기술의 예를 들어보자. 조부모 세대가 손자를 돌보아 준다는 것은 자식에게 날개를 달아주는 것이며 내가 노후에 고독하지 않는 적금통장을 마련하는 것이다. 적금통장이 행복한 적금통장이 되기 위해서는 손자 세대의 환경과 감성을 공감해야한다. 공감을 하지 않는다면 세대 격차가 벌어지며 함께 행복할 수 없으며 공감의 연대성을 가질 수가 없다.

【조망수용 능력 발달 단계】

0단계 (3~6세)	미분화된 조망수용	타인의 생각이나 기분을 인지 할 수는 있으나 모든 행위자들은 자신과 동일한 방식으로 그 상황을 이해한다고 생각한다.
1단계 (5~9세)	사회정보적 조망수용	사람들이 자신과 다른 관점이 생길수도 있다는 것을 이해한다. 그러나 아직까지 자신과 타인의 관점을 정확하게 구별하지 못한다.
2단계 (7~12세)	자기반성적 조망수용	자신의 조망과 타인의 조망을 이해하고 타인의 조망으로부터 자신의 생각과 감정을 심사숙고 할 수 있다. 아동은 다른 사람의 관점을 이해할 수 있고 나의 감정과 행동을 다른 사람의 관점으로도 볼 수 있다.
3단계 (10~15세)	제3자 조망수용	중립적인 제3자의 조망에서 자신과 타인의 행동을 고려할 수 있다. 자신을 제3자의 관찰자로서 그 사회의 구성원들이 갖는 보다 더 일반적인 조망을 이해할 수 있다.
4단계 (14~성인)	사회적 조망수용	상호작용에 대한 일반화된 사회적 조망을 지니고 있고 사회체계 속에 반영되어 있는 집단조망이 존재한다는 것을 인식한다. 따라서 법률과 도덕은 개인이 고려해야 하는 어떤 합의된 집단 조망에 의존한다는 것을 이해한다. [출처] 사회적 발달 - 조망수용능력 발달(Robert Selman)||작성자 사랑가득 박경은

상대방의 공감을 하기 위해서 조망수용능력이라는 이론을 살펴보고자 한다. 조망수용능력이란(Robert Selman의 이론) 다른 사람의 입장에서 생각하고 다른 사람의 감정을 이해할 수 있는 능력이다. 이 능력에는 인지조망수용능력과 정서수용능력이 있다. 인지조망수용능력이란 다른 사람이 생각하는 것을 이해하는 능력이며 그 예로는 엄마가 나를 사랑하기 때문에 엄마가 나에게 선물을 사주셨구나 … 등등으로 설명할 수 있다. 정서조망능력이란 다른 사람이 느끼는 감정을 이해할 수 있는 능력이며 예를들면 내가 친구를 때렸으니 그 친구가 얼마나 속상할까… 하고 친구의 마음을 이해하는 것이다.

식당에서 식사를 하는데 자녀가 뛰어다니면 '식당에서 뛰어다는 것이 아니야.' 하고 가르치기 보다는 '우리가 밥을 먹는데 다른 아이가 시끄럽게 뛰면 어떻게 되겠는지를 생각해보자.' 라고 말을 한다. 그것이 '나' 중심에서 '우리'를 이해하는 공감능력이라 할 수 있다.

옛날 속담에 '아이 본 공과 새 본 공은 없다.'라는 말이 있다. 그렇게 된다면 행복의 적금통장이 날아가는 것이다. 늙는다는 것은 풍요로운 것이다. 나이가 먹는다는 것은 많이 가지고 있는 것과 같다. 나이가 먹어서 고독하십니까? 나이가 먹어서 외로우세요? 풍요롭고 행복한 삶은 자신들이 만들어가는 것이다. 남은 시간 늙음에서 오는 고독감을 손자 손녀가 채워 줄 것이다.

손자, 손녀와의 만남을 통하여 (적극적인 경청, 배려, 관심, 따뜻한 위로) 할머니, 할아버지라는 소리를 듣기만 해도 행복하고 기가 막힌 단어가 아닐까? 손자, 손녀가 없으면 듣고 싶어도 들을 수 없는 보석과 같은 단어이다.

◎ 성격유형 – DISC

인간은 각각 다른 환경 속에서 성장한다. 사람들의 성격유형과 감성지능 역시 다양하다. 감성지능을 Mayer과 Salovey(1990)은 '자기 자신과 타인의 감정을 관찰한고 통찰하여 그 차이점을 구별하며 타인에 대한 생각과 행동을 이끌 수 있도록 정보를 사용할 수 있는 사회적 기능의 한 형태라고 정의하였다. Goleman(2002) 등은 감정기능을 기초로 하여 개념을 정립하였다.

기원전 그리스의 코스(Cos)섬에 살던 의학의 아버지 히포크라테스는 당시 의술의 신으로 추앙받던 아스클레피우스를 신앙하였다. 히포크라테스는 자연히 아스클레피우스의 의술을 익히게 되었고 사람들을 치료하면서 똑같은 질병에 똑같은 약을 처방해도 낫는 사람이 있는가

하면, 낫지 않는 사람이 있다는 것을 발견하게 되었다. 결국 그가 찾아낸 것은 인간의 모든 내부 장기의 체액이 사람마다 다르다는 것이었다. 체액설을 통한 인간성향의 이해가 2천년 가까이 진행되는 동안, 1920~1930년까지 약 10년 동안 콜롬비아대학의 윌리암 말스톤 교수는 네 가지 체액설을 바탕으로 사람들의 행동양식을 연구한 결과 D.I.S.C.라는 네 가지 유형을 만들었다.

DISC 4가지 유형을 통해 바라보는 세상 사람을 소우주라고도 하는데 1년이 12개월이듯 인체에도 12경락이 흐르고, 1년이 365일이듯 인체의 경혈점도 365개가 있기 때문에 사람의 몸에는 에너지 통로가 있다.

◎ 개인의 성격유형 (DISC)

당신을 가장 잘 설명한다고 생각되는 곳에 ○표시를 하세요.

	A	B	C	D
1	절제하는	강력한	꼼꼼한	표현력 있는
2	개척적인	정확한	흥미진진한	만족스러운
3	기꺼이 하는	활기 있는	대담한	정교한
4	논쟁을 좋아하는	회의적인	주저하는	예측할 수 없는
5	공손한	사교적인	참을성이 있는	무서움을 모르는
6	설득력 있는	독립심이 강한	논리적인	온화한
7	신중한	차분한	과감성 있는	파티를 좋아하는
8	인기 있는	고집 있는	완벽주의자	인심 좋은
9	변화가 많은	수줍음을 타는	느긋한	완고한
10	체계적인	낙관적인	의지가 강한	친절한
11	엄격한	겸손한	상냥한	말주변이 좋은
12	호의적인	빈틈없는	놀기 좋아하는	의지가 강한
13	참신한	모험적인	절제된	신중한
14	참는	성실한	공격적인	매력있는
15	열정적인	분석적인	동정심이 많은	단호한

	A	B	C	D
16	지도력 있는	충동적인	느린	비판적인
17	일관성 있는	영향력 있는	생기 있는	느긋한
18	유력한	친절한	독립적인	정돈된
19	이상주의적인	평판이 좋은	쾌활한	솔직한
20	참을성 없는	진지한	미루는	감성적인
21	경쟁심이 있는	자발적인	충성스러운	사려 깊은
22	희생적인	이해심 많은	설득력 있는	용기 있는
23	의존적인	변덕스러운	절제력 있는	밀어붙이는
24	포용력 있는	전통적인	사람을 부추기는	이끌어가는

	(D형)	(I형)	(S형)	(C형)
1	B	D	A	C
2	A	C	D	B
3	C	B	A	D
4	A	D	C	B
5	D	B	C	A
6	B	A	D	C
7	C	D	B	A
8	B	A	D	C
9	D	A	C	B
10	C	B	D	A
11	A	D	C	B
12	D	C	A	B
13	B	A	D	C
14	C	D	B	A
15	D	A	C	B
16	A	B	C	D

	(D형)	(I형)	(S형)	(C형)
17	B	C	D	A
18	C	A	B	D
19	D	B	C	A
20	A	D	C	B
21	A	B	C	D
22	D	C	B	A
23	D	B	A	C
24	D	C	A	B
	( )개	( )개	( )개	( )개

※ 내가 제일 높은 점수를 차지한 두 가지 스타일은?

1. ___형 ___개   2. ___형 ___개

◎ 성격유형의 특징

(1) D형 - 주도형

성격유형	주도형(Dominant, Directive)
일반적 특징	• 결과를 빨리 만든다. • 새로운 것에 도전하기 좋아한다. • 의사결정을 빠르게 한다. • 지도력이 있다. • 어려운 문제를 잘 처리한다.
강점	모험적, 권위적, 과업지향적, 직관력, 결정능력, 활동적, 통솔력, 영향력, 집중력, 낙관적, 생산적, 주도적, 성공지향적, 추진력, 단호한, 열정적, 용감한,
단점	화를 잘 내는, 성격이 급한, 불안한, 경솔한, 충동적인, 기회주의적인, 거만한, 교활한, 권력지향적, 공격적, 보복하는, 적대적, 폭력적, 참지 못하는, 책임을 전가하는, 변덕이 심한, 비인격적인

(2) I형 - 사교형

성격유형	사교형(Interesting, Inspirational)
일반적 특징	• 사람들을 좋아한다. • 말솜씨가 좋다. • 다른 사람들에게 동기유발을 잘 시킨다. • 열정적이다. • 사람들을 즐겁게 한다. • 늘 사람들이 있는 환경을 좋아한다.
장점	감동을 주는, 활동적인, 정열적인, 낙천적인, 설득력, 자발적인, 온화한, 사랑이 많은, 사교적인, 매력적인, 예술적인, 감성적인, 무대체질, 용서를 잘하는, 상대를 배려하는, 분위기 메이커, 칭찬하는
단점	즉흥적인, 의지가 약한, 과장이 심한, 타협적, 쾌락적인, 산만한, 시간조절 능력 취약, 변덕스러운, 수다스러운, 남의 말에 끼어드는, 거절하지 못하는, 뒷정리가 안 되는, 유혹에 잘 빠지는, 사치스러운

(3) S형 - 안정형

성격유형	안정형(Stable, Steady)
일반적 특징	• 언제나 일관성이 있어서 예측할 수 있도록 행동한다. • 참을성 있다. • 전문적인 일을 잘 한다. • 남을 잘 도와준다. • 남의 말을 귀담아 듣는다. • 환경을 안정되고 조화롭게 만든다.
장점	남의 말을 잘 들어주는, 온화한, 협동적, 외교적인, 안정적인, 친절한, 양심적, 인내심이 강한, 실제적인, 진지한, 믿을만한, 효율적, 유연한, 성실한, 사려 깊은, 차분한, 꾸준한, 순수한, 감정을 억제하는, 예민한, 전문적인
단점	두려워하는, 행동이 느린, 변화를 싫어하는, 완고한, 겁 많은, 갈등을 회피하는, 야망이 없는, 수동적인, 타협적, 압박을 두려워하는, 미루기 잘하는, 게으른, 표현하지 않는, 나서기 싫어하는, 잠이 많은

(4) C형 – 신중형

성격유형	신중형(Cautious, Correct)
일반적 특징	• 원칙, 기준을 잘 지킨다. • 섬세하다. • 분석을 잘하고 장단점을 잘 파악한다. • 예의 바르다. • 일을 정확하게 한다.
장점	분석적인, 예술적인, 원칙적인, 세부적인, 충성스러운, 예민한, 완벽한, 자존감이 높은, 창의성이 강한, 이지적, 신중한, 과묵한, 도덕적인, 성실한, 논리적인, 질적 가치를 중시하는, 보수적인
단점	비판적인, 아량이 없는, 수동적인, 자기비하적인, 분이 풀릴 때까지 치근댐, 융통성이 없는, 비사교적, 비관적인, 이기적인, 부끄러워하는, 침울한, 상처를 쉽게 받는, 계산적인, 절망하는, 의심 많은

3) 영적 안녕감과 임종

영적 안녕은 인간의 영적 본능이 최대한 개발되도록 하는 능력으로 인간과 신의 초월적인 관계뿐 아니라 자신, 이웃, 환경과의 관계에서 자아를 최대한으로 실현하는 건강한 상태(황혜리·류수정, 2009: 356; 강경순, 2013: 80)로 정서적 노후 준비와 관련성이 있다. 정서적 노후 준비는 노년기에 퇴직, 자녀독립, 친구·배우자의 죽음 등으로 인하여 닥쳐올 정서적 유대의 상호작용 대상의 변화와 환경의 변화에 대응하기 위한 준비로써 이러한 변화들을 회피하기보다는 긍정적인 자세로 수용해야 한다. 또한 원만한 인간관계를 유지하기 위해서는 영적 안녕을 통하여 삶의 의미와 가치를 인식하고 이웃, 친구 등 타인과의 유대강화가 중요하다. 이는 노년기에 대한 심리적 불안상태로부터 자신을 초월하여 삶의 의미와 가치를 경험하기 위해서는 영적 안녕이 선행되어야 한다는 것이다(정상옥 외, 2007: 65-66).

영적 안녕감에 대한 연구를 살펴보면, 정서적 노후 준비를 위해 노년기 삶에 대한 의미와 가치를 인식하고 자녀와 친구, 성직자 등과의 폭넓은 관계를 유지하기 위한 노력이 필요하다는 것을 주장하고 있다. 이는 영적 안녕이 정서적 노후 준비에 매우 중요한 요인이 될 수 있다.

영적 안녕은 정서적 노후 준비를 향상시키는 요인이다. 이는 영적 안녕이 인간의 영적 본능이 최대한 개발하여 인간과 신의 초월적인 관계뿐 아니라 자신, 이웃, 환경과의 관계에서 자아를 최대한으로 실현하는 능력(황혜리, 류수정, 2009; 강경순, 2013)으로 영적 안녕은 노년기에 대한 불안감에서 벗어날 수 있도록 하는 역할(정상옥 외, 2007)을 할 뿐만 아니라, 노년기 삶의 의미와 목적, 위로, 격려, 희망 등을 제공함으로써 노년기 죽음에 대한 불안감을 억제한다(권영숙, 김정남, 2003). 또한 정서적 노후 준비를 위해서는 의지할 수 있는 자녀, 친구, 성직자 등이 많이 있는 것이 바람직하며 여가활동 등 직업 외에 다양한 활동의 참여가 필요하며(조추용, 송미영, 이근선, 2009), 성공적 노후를 위해서는 정서적 자기관리가 우선적으로 필요하다(박현식, 2012). 이와 같은 결과는 영적 안녕을 통하여 삶을 긍정적으로 바라보는 태도를 가지게 되며, 타인과의 우호적인 관계형성이 가능하다는 것으로, 이는 영적 안녕이 노후생활에 있어 노년기 삶의 가치를 인식하고, 변화되는 사회적 관계에 능동적으로 대처하여 건강한 노후생활을 할 수 있는 원동력이다.

홍정란(2013)은 죽음말기 환자에게 '게슈탈트 음악치료' 프로그램을 통하여 영적인 안녕감과 심미적으로 정서에 미치는 효과를 밝히고자 하였다. 음악치료 방법은 영적인 안녕감을 4단계로 구분하여 실시하였다. 그 결과 총 15회를 진행하는 동안 임종환자는 죽음너머 미지의 세계에 대한 두렵고 무서운 생각에서 헤어날 수 있도록 신앙심을 고취시켜 평온한 죽음을 수용하는 '영적 돌봄 서비스'를 해 주었다. 죽음말기에 임종환자에게 '게슈탈트 음악치료' 기법을 통한 임종준비는 불안과 공포, 우울감이 높았던 심리적 돌봄 서비스 치료방법이었다. 그 방법에는 클래식 음악이 흐르는 마지막 환경 속에서 가족으로부터 사랑과 존중을 받고 있음을 받아들이며 안정적으로 위로와 행복감을 임종환자가 얻었다고 확신하고 있음을 밝혔다.

한경옥, 전요섭(2012)은 영적 안녕감은 불안과 우울, 죽음까지 수용하며 삶의 전반적인 만족도를 가지며 최고의 심리적 안정 상태인 자아통합에 영향을 미치는 것으로 보고 있다. 이러한 자아통합은 영적 안녕감과 죽음 불안의 관계에서 나타났으며 영적 안녕감은 자아통합과 죽음불안에 영향을 주는 결정적인 작용을 하며 노년기의 삶과 긴밀하게 연결되어 있다.

Kastenbaum(2004)에 의하면 종교적인 사람과 비종교적인 사람, 중간 수준의 종교성을 지닌 사람과의 비교에서 종교적인 사람은 죽음공포가 적고 중간 수준의 종교성을 지닌 그룹에서 가장 높은 죽음공포를 느끼고, 비종교성을 지닌 사람들이 중간 수준의 죽음공포를 느낀다고 말한다. 이러한 사람의 죽음불안과 공포를 감소시키기 위한 종교적 죽음준비교육과 영성형성이 중요하고 고유한 영역이다. 그 영역은 사람을 위한 신체적, 심리적, 영성적 차원에서 자아 통합적 영적 성숙을 위한 대안을 제시해 줄 수 있어야 한다. 사람에게 다양한 영성 개발 프로그램의 예는 영성훈련 세미나나 성경학습 등을 통해 영성을 고양하고 가치관을 새롭게 하면서 죽음에 대한 영적 입장을 견고하게 고취시켜야 한다. 그 효과로 사람의 영적 안녕감은 높아지고 죽음에 대한 불안은 감소되고 공포는 극복 될 수 있을 것이다.

이로써, 죽음에 대한 태도에 있어 교육 및 활동을 통해 그렇지 않은 집단보다는 긍정적으로 죽음을 받아들이고 준비할 수 있는 기회 또는 환경이 마련되어 있다고 할 수 있다. 이상으로 본 연구에서는 죽음이란 자기 조절과 정서적 준비도가 잘 준비된 노년기에는 영적 안녕감이 높으며 자아 통합이 긍정적으로 안정되며 죽음을 받아들이는 것으로 정의하였다.

박지은(2009)은 죽음의 태도는 개인에 따라 매우 다르며 시대적으로나 사건에 따라 또 다른 의미로 설명될 수 있다고 하였다. 임종준비는 거시적으로 교육적 차원에서 준비해야 하며 교육을 하는 진행자의 능력과 자질에 대한 사전검토를 통하여 앞으로 다가올 시간에 대한 준비과정인 임종교육을 현재 삶에 반영하는 교육프로그램이 연구되어야 한다. 삶과 임종은 동일선상에 있으며 사회복지차원의 현장에서 연계교육과정으로 세대별 교육으로 구분하여 '남편과 아내, 부모자녀를 포함하여 가족공동체의 임종준비교육은 체계적이며 지속적으로 실시되어야 할 것이다.'라고 하였다.

임종의 태도에 대한 인식의 전환이 필요하다. 일반적으로 임종이란 삶의 시간으로 계산되고, 그 시간 안에서 우리는 늙어가므로, 지상의 모든 생물과 마찬가지로 임종은 생명의 정상적인 끝마침이라 할 수 있다. 그러나 임종의 인식은 다양한 형태로 삶 속에서 진행되고 있다. 병고, 고독, 실패, 늙음, 은퇴, 방임 그리고 사별 등 모든 것들이 임종의 다양한 모습의 표징이다(G. 그레사케, 1985). 이러한 표징들은 현재의 삶과 미래의 계획들을 무가치하게 만들 수 있으며, 우리의 삶 속에서 임종은 인간에게 한 치의 오차도 없이 찾아오고 임종 속에서 인간은 자신에게 주어진 한계와 임종에 대한 두려움과 불안을 안다.

노년기에 새로운 것을 기대할 것이 없다고 체념하게 되는 사람은 자신의 가능성을 스스로 제약하는 것이다. 그 제약을 임송이라고 표현할 수 있다. 임송을 잘 알고 이해하면서 받아들이면 삶에 희노애락(喜怒哀樂)의 변화를 가져올 수 있다. 그 변화의 이유는 실체가 없는 임종을 생각한다는 것은 시시각각 다가오는 삶의 모습 속에서 많은 영향을 주기 때문이다. 우리는 그 임종의 불안과 공포에서 어느 정도 벗어나 자유로울 수 있고 자신의 삶을 보다 진지하고 의미 있는 삶으로 살아갈 수 있는 역량이 생긴다. 노년기의 노후 정서적 준비도에 대한 의식의 전환을 위한 역량을 높여 누구나 보다 높은 차원의 인생의 의미와 목적을 추구하며 살아갈 수 있기를 기대한다.

누구나 자신을 넘어 사회의 성장, 발전 그리고 유익을 위해 섬김과 나눔의 지혜를 발휘하지 않으면 결코 인생의 의미와 목적을 추구 할 수 없다. 노년기에 자기조절능력과 노후 정서적 준비도를 갖춘다면 생명 문화와 나눔 사회를 추구하며 보다 정서적으로도 안정될 수 있다. 이는 차원 높은 영적 안정감을 동반한 수용적이고 의미 있는 임종으로 맞이할 수 있을 것으로 예상된다. 융이나 에릭슨은 노년기를 인생의 내리막길이 아닌 삶 전체의 인격과 자아 통합을 이루는 절정의 마지막 시기라고 말하고 있다(정태기, 1992). 또한 Paul Tournier(1980)는 바람직한 노년기를 바라보는 것은 노인 자신들의 책임이며 사회적 책임을 가진 사람으로서 경제활동을 할 수 있는 시기가 끝났어도 풍요롭고도 보람된 인생을 보낼 수 있음을 다음 세대들에게 보여주는 것은 새로운 희망 교육이라고 하였다. 노인 세대는 사회적 갈등과 권리를 주장하는 이기적인 세대 그리고 약자의 세대가 아니라, 다른 세대들을 관용하고 수용해서 통합으로 나아갈 지혜를 갖춘 이타적인 리더 세대이며, 미래의 젊은 세대에게 모범이 되는 주춧돌이 되어야 할 것이다. 현대사회를 살아가는 노년기의 사람들은 살아온 삶의 지혜를 모아 열정을 소멸해야하는 중요한 시기임을 행복하게 인식하여 삶에 보다 나은 삶을 제공하고 지지할 수 있을 것이라는 시사점을 안겨 줄 수 있다.

…▶ 토의과제

(1) 병원목회 상담자가 갖추어야 할 상담기법과 커뮤니케이션 기술에 대하여 의견을 교환해 보자.

(2) 병원목회 상담 과정에서 가톨릭 교단의 지도자와 개신교 지도자 관계에서 협력 방안을 구체적으로 논의해 보자.

(3) 병원목회자가 갖추어야 할 인성적 특성은 무엇이며 전문적 지식과 예술성을 어떻게 조화롭게 운영할 것인가에 대하여 논의해 보자.

【참고문헌】

- 김귀분, 박민숙, 석소현(2008). 중년의 노후 생활준비도 및 요양시설 인식에 대한 연구. 지역사회간호학회지, 19(3), 480-494.
- 김순이, 김신미(2003). 노인의 임종과정에 대한 태도 유형 분석 성인간호학회. 성인간호학회지, 15(3), 343-353.
- 김태현, 손양숙(1984). 노인의 죽음에 대한 태도 연구, 한국노년학, 19-1.
- 박지은(2009). 죽음준비교육이 노인의 죽음에 대한 정서·인지·행동에 미치는 효과. 사회복지실천, 8, 79-110
- 정의정, 변상해(2012). 웰다잉을 위한 교육이 노인복지 종사자에게 미치는 영향. 한국콘텐츠학회. 한국콘텐츠학회논문지, 12(7), 215-222.
- Erikson, E. (1963). Childhood and Society. New York: Norton.
- Goldfried, M., & Merbaum, M.(1973). Behavior change through self-control. New York: Holt.
- Reed, G. M., Taylor, S. E., & Kemeny, M. E.(1993). Perceived control and psychological adjustment in gay men with AIDS. Journal of Applied Social Psychology, 23, 791-824.
- Greshake, G.(1985). 종말신앙. 심상태(역), 서울: 성바오로.

Chapter **6**

독일의 병원 목회상담과 디아코니아 실천

본-보세: 독일개신교 목사/
독일 디아코니아 재단 공동대표

1. 병원 목회상담

Pfarrerin Antonia von Bose

저는 오늘 병원 목회상담에 대해서 여러분과 대화를 나눌 수 있음에 대하여 기쁘게 생각합니다.

저는 11년 동안 튜빙엔 대학병원의 부인과 및 신생아실에서 목사로 시무하였습니다. 교회 목회가 아닌 병원 목회상담자로 일하였습니다.

이러한 업무는 우리 독일 교회에서 특별한 업무라고 말할 수 있는데, 교회는 병원, 요양원, 교도소 그리고 산업공단에 기관 목회 자리를 개설하고 그곳에서 목회 상담업무를 수행토록 하고 있습니다.

여기서 시무하는 목사는 특별한 훈련을 받아야 합니다. 이러한 사역은 일반 목회와 비교할 수 없는 특별한 도전이라고 말할 수 있습니다.

저는 지금 병원 목회의 기본 원칙에 대하여 소개하고자 합니다.

먼저 우리 기관의 '운영 헌장'에 대하여 말씀드리고자 합니다.

이 기관 운영헌장은 외부지향적인 목표를 갖고 있습니다. 누가 저희들의 업무에 대하여 알 수 있겠습니까? 목회자가 환자의 방을 방문하면 많은 사람들이 편견을 갖고 있다는 것을 알 수 있습니다. 대부분의 사람들은 저 사람이 간호사나 의사들이라고 생각합니다. 목사는 우리를 약간 위로할 수 있으나 더 이상은 할 수 없다고 생각합니다. 우리들은 자신의 교회에 우리가 하고 있는 일이 필요하다는 것을 보여주어야 했습니다. 교단의 지도자들은 항상 절약해야 하며, 그 때문에 몇몇의 특수 목회의 자리를 없애려고 합니다.

그리고 질관리 경영이 중요한데 독일의 모든 기관 및 기업이 그들의 운영헌장을 질관리 경영기법과 연결시키고 있습니다. 따라서, 이 운영헌장은 우리의 임무를 투명하게 만듭니다.

이 운영헌장으로 우리는 우리의 과제에 대한 우리의 주장을 입증하고 서비스의 질에 대한 측정을 가능케 합니다.

이 운영헌장은 우리가 우리의 과제를 어떻게 수행하여야 할지에 대한 지침을 제시합니다.

저는 아래의 세 부분에서 병원 목회상담의 운영현장을 소개하고, 아울러 스스로가 경험한 병원 일상의 사례에 약간 언급하려 합니다.

1.

병원 목회는 모든 환자, 환자의 친척 및 병원의 직원 등 소속 구성원에 대한 교회의 서비스입니다.

여기서 병원에서의 목회 상담의 특수성을 살펴볼 수 있습니다. 우리는 우리 자신을 모든 사람의 상담자로 이해하고 있습니다.

거기에 대해서 병원도 우리와 같이 생각하는 것은 아닙니다. 의사, 간호사, 행정 직원, 수위 그리고 관리직원 모두는 우리를 환자만을 위한 상담자로 생각하고 있습니다.

병원에서는 환자가 항상 우선합니다. 예수 그리스도께서는 말씀하셨습니다. '내가 아팠는데 너희는 나를 방문하였다.'(마태복음 25장) 그러나 병원에 있는 환자만이 아픈 것이 아닙니다. 의사의 과로, 간호사의 업무 과부하 현상을 흔히 볼 수가 있습니다. 유아의 죽음 후에 수석 직원의 갑작스런 청각장애 및 소진, 조산사의 좌절 등을 볼 수가 있습니다.

첨단 의학 시스템을 운영하는 병원은 모든 직원의 노동력을 압착시키고 있습니다. 그들은 피곤하여 지칠 때까지 일을 해야 하고 환자도 항상 인내심을 갖고 친절해야 합니다.

따라서 병원 목회상담자는 그가 보고 듣는 것에 대하여 주의하고 세심한 배려를 아끼지 않아야 합니다. 상담자는 환자와 대화하는 중 지친 간호사에 대하여 듣게 됩니다. 그 후 상담자는 간호사를 찾아가 이렇게 말합니다. '나는 당신이 무척 피곤하게 보입니다. 근무가 끝나면 곧 바로 집에 가십시오. 집에 가면 누군가가 식사준비를 해놓았기를 바랍니다.' 이러한 대화만으로도 간호사의 긴장감은 풀리게 됩니다.

긴장한 사람을 침착하게 쳐다보고 충분한 시간을 갖고 대화하면 그들은 큰 위안을 받게 됩니다. 시간이 지나면서, 사람들은 병원 목회 상담자에게 신뢰를 갖게 됩니다. 이를 위해서는 열심히 훈련을 해야 합니다.

또한 사람들과의 지속적인 접촉이 필요합니다. 따라서 매일 병동을 방문합니다. 매일 병동에 자신이 왔음을 알려 줍니다. 자신을 보여주어야 하는 것입니다. 그리고 거기서 일하는 사람들과 대화하여야 합니다. 이를 통해서 사람들이 자신의 문제가 있을 때 우리와 대화하게 됩니다.

어느 날 누가 내 방문을 노크했습니다. 조산원이었습니다. 그녀가 잠깐 얘기 좀 할 수 있을까요 하고 물어서 들어오라고 답하였습니다.

그녀는 유방검진을 받았는데 유방암으로 판명되었다는 것입니다.

그녀와 나는 얼마나 자주 함께 병원 출산실에서 죽은 아이들의 명복을 빌지 않았던가? 몇 번이나 우리는 함께 병원에서 사산한 아이들을 보고 슬퍼하지 않았는가? 그녀는 목회 상담자의 개입이 인간의 영혼에 깊이 미칠 수 있는 방법이라는 것을 체험할 수 있었습니다. 목회 상담자의 개입은 감정의 혼란 상황을 멈추게 하고 안정과 휴식을 줄 수 있습니다.

그 때문에 조산원인 그녀는 자신이 환자가 되었을 때 저를 찾았었습니다.

2.

병원 목회상담자는 태어날 때부터 죽을 때까지 불완전한 한 사람, 한 사람을 하나님의 형상으로 보고, 그 때문에 인간 생명의 존엄성을 존중합니다.

예수 그리스도의 아버지인, 하나님에 대한 믿음은 생명이 손상되었거나 임종시 그들과 동행하는 것을 의미합니다.

하나님은 이 세상에서 예수 그리스도로 출현하셨고, 아프거나 외롭거나 슬프거나 죄를 지었거나 기절하는 모든 사람들의 위로하십니다. 예수님 스스로가 외롭고, 의기소침하셨고, 심지어는 십자가에서 돌아가셨습니다. 그는 우리를 사랑하십니다. 약점을 갖고 있고 불완전한 사람들을 사랑하고 계십니다.

저는 태아에게 이상 증상이 나타났기 때문에, 임신을 중단시켜야 하는 많은 여자들을 만났습니다. 그들이 나에게 전화하여 아동을 하나님께 축복하도록 부탁하였는데, 저는 그를 하나님께 위임하였습니다. 하나님은 불완전한 인간을 사랑하시고 거부하시지 않습니다. 그의 부모는 그를 성장시킬 수 없었으나 이 작은 아이는 하나님의 면전에서 편히 쉴 것입니다.

가끔은 우리의 믿음이 의학의 목적에 위배된다는 인상을 받았습니다. 의학은 치유가 목적입니다. 의사들이 환자를 위해 아무것도 할 수 없다는 것은, 전부는 아니지만, 대부분의 의사에게는 견디기 힘든 일입니다. 때때로 그들은 우리가 당신을 위해 아무것도 할 수 없다는 말을 할 용기가 없기 때문에 치료를 계속합니다. 가끔은 의사가 환자와 아주 짧은 시간만의 대화를 갖는데 그것은 그가 이를 통해 어려운 질문에 대답하는 것을 회피할 수 있기 때문입니다.

 우리의 사역은 상처받고, 무너진 삶에 대한 존경심을 갖고 대처하는 것입니다. 우리의 임무는 첨단 의학 장비에 저항하여 "Stop!"을 외치기도 합니다. 죽음은 우리 삶의 일부입니다. 그것이 병원 내에서 존재하지 않는 것처럼 이를 침묵하고 은폐한다면 이를 환자들은 진지하게 받아들이지 않을 것입니다. 이것은 비인간적 행위입니다.

3.

 병원 목회 상담적 관심은 하나님의 실존을 신뢰하고, 그의 품속에 거하며 그분의 사랑을 확신하는 것입니다.

 이 부분에서는 우리의 임무가 무엇인지에서 종합적으로 다루려 합니다.

 우리는 말씀을 이해하기 위하여 노력하며, 예배에서, 목회상담적인 대화와 기도에서 사랑의 하나님의 증인이 되려고 노력합니다.

 각 병원에는 예배실이 있습니다. 하지만 병원장이 예배실의 필요성을 이해하지 못하기 때문에 이러한 공간의 설치는 항상 투쟁이 전제됩니다.

 객실이 항상 대체로 부족하기 때문에 의사나 행정 직원이 방을 공유해야 합니다. 의사가 자신의 전용 공간을 갖는 것이 보다 더 중요하지 않을까요?

 하지만 작은 예배실이 마련되면, 많은 사람이 지속적으로 방문하게 됩니다. 높은 수준의 예술적인 공연도 이루어집니다.

 환자들은 들어오고 나가곤 합니다. 예배실은 조명을 갖추고 밤낮 비추어지고 있습니다. 심지어 의사, 간호사 및 행정 요원, 모든 지친 사람들이 이곳을 방문하고 잠시 동안 침묵을 즐기고, 명상, 혹은 기도를 합니다. 많은 사람들은 이곳이 우리 병원에서 가장 아름다운 방이라고 말합니다.

 왜냐고요? 그것은 많은 사람들이 힘을 얻었기 때문입니다. 하나님은 거기서 조용히 울고 있는 사람들의 눈물을 보시고 위로하셨습니다. 거기에는 환자들이 그들의 걱정과 감사를 기록할 수 있는 책이 놓여 있습니다. 때로는 의사들도 그 책을 펼쳐보고 환자들을 알고 이해하게 됩니다. 그들의 걱정과 감사와 감동이 이 책에 표현되어있기 때문입니다.

 예배실은 우리에게 힘을 주는 장소입니다.

 병원 목회상담자는 이 예배실을 정기적으로 관리하고 항상 싱싱한 꽃으로 장식합니다. 우리는 우리의 일과를 기도로 시작하여 성령에게 힘을 주실 것을 요청하고, 환자를 위해 기도하기 위해 일과를 잠시 멈춥니다.

일주일에 한 번씩 예배를 드립니다. 한 주는 개신교식으로, 다른 한 주는 가톨릭식으로 매주 바꿉니다. 우리는 연합교회입니다. 대부분 아주 적은 숫자의 사람들이 참석합니다. 하지만 예배는 병원 라디오를 통하여 중개됩니다. 따라서 원하는 사람들은 이어폰을 통하여 방송을 들을 수 있습니다.

예배에 참석한 사람들은 절실한 위로와 도움과 힘이 필요한 사람들입니다. 우리가 찬송하고, 대화하고 설교하는 것이 사랑하는 하나님의 곁에 다가가는 것이기 때문에 우리가 구하는 것을 얻게 됩니다. 우리는 성찬식을 통해서 하나님이 임재하시고 그의 아들 예수그리스도의 동행하심을 체험합니다.

예배시간에 많은 사람들이 눈물을 흘립니다. 이것이 아무도 방해하지를 않습니다. 교회는 상호 연대하는 작은 공동체입니다. 그들은 위로를 받고 항상 기쁜 마음으로 병실로 돌아갑니다.

사람들이 병원에 오면 오기 전과 완전히 다릅니다. 그들은 갑자기 임종을 생각하고 자신의 과거를 되돌아보게 됩니다. 때로는 그들 스스로를 자학합니다. 나의 삶은 가치 없었다, 나는 많은 나쁜 체험을 하였다, 삶에 대한 기쁨을 발견하지 못하였다는 등 죄책감이 중요한 주제가 됩니다.

그들이 사랑의 하나님께서 곁에 임재하심을 확신하며, 그 분이 바라보고 계심을 체험하도록 지원하는 것을 우리들의 사역으로 생각합니다. 따라서 이전에 가치 없었던 것으로 보였던 것이 이제 달리 느껴집니다. 이전에 특별한 것이 아닌 것을 중요하게 느끼게 됩니다.

인간이 삶의 의미를 발견하도록 돕는 것이 목회 상담의 기법에 속합니다. 우리 목회 상담자들은 환자들이 삶의 의미를 찾고 자존감을 찾도록 도와줍니다. 그들은 스스로를 용서하도록 배워야 합니다. 판단은 하나님을 신뢰해야 합니다. 하나님께서 은혜와 용서를 베푸시도록 그를 신뢰하여야 합니다. - 이것이 목회 상담의 지침입니다.

저는 환자로부터 그들이 기도할 수 없다고 말하는 것을 흔히 들었습니다. 그러면 제가 그를 대신하여 기도하여도 되느냐고 물었습니다. 그 사람이 체험하였던 어려운 내용을 이야기 듣고 하나님께 기도하였습니다. 그들의 삶에서의 모든 좋은 일들을 하나님께 감사하고, 부담이 되는 일에 대해서는 용서를 구했습니다. 그들의 밝은 미래를 위해 희망과 힘을 주시기를 하나님께 기도하고, 성령의 위로와 격려하심을 부탁드렸습니다.

이러한 기도는 하나님과 거리를 두고 있는 사람에게 항상 도움이 됩니다. 제가 다시 환자를 방문하였을 때 당신의 도움으로 이제는 저 혼자서도 기도할 수 있게 되었다고 말합니다. 그들은은 그때까지 수년간 하나님과의 언어를 잊어버렸습니다. 이를 극복하고 이제는 그들의 마음에 있는 모든 것을 하나님께 가볍게 말할 수 있습니다.

우리의 사역을 위해 우리는 집중적인 교육을 받음으로서 이 사역을 준비하였습니다. 매년 병원 목회 상담 훈련을 받습니다. 우리들은 슈퍼바이저의 자문을 받고 있으며 이를 통하여 우리의 사역을 정기적으로 검토합니다.

이 모든 것이 이 어려운 사역을 담당하기 위한 과정입니다.

그 밖에 병원 내의 다른 직업군 즉 사회복지사, 간호사 그리고 의사와 협조하는 것이 중요합니다. 그들은 우리의 임무를 이해하고 상호 존중합니다.

2. 독일에서의 디아코니아 실천

Henry von Bose

독일 연방 공화국의 개신교 교회는 기독교 사회봉사국을 통하여 사회 복지 업무를 조직화합니다. 독일에는 22개의 주 교회가 있습니다. 교회의 지역을 연방 주 지역과 대부분 일치합니다. 일부 주에는 역사적인 이유 때문에 여러 개의 주 교회가 있습니다.

각 주 교회는 자신의 기독교 사회봉사국을 갖고 있습니다. 디아코니아 협의체인 저희 기독요 사회봉사국에는 뷔르템베르크 주 교회와 독일의 감리교회 디아코니아 봉사활동을 수행합니다.

연방차원에도 주와 같은 병렬 구조가 구축되어 있습니다. 이들은 독일 개신교회에 통합되어 있습니다. 주 차원의 기독교 사회봉사국은 연방기독교 사회봉사국에 통합되어 있습니다. 이것이 연방 디아코니아 협의 단체입니다.

국가적인 차원에서의 교회와 디아코니아는 독일 정부와 독일 정부 부처의 파트너적인 위치를 확보하고 있습니다.

독일 헌법은 교회가 사회복지 입법에 있어서 정부의 협의 파트너임을 명문화하였습니다.

독일 개신교의 기독교 사회봉사국은 운영헌장이 있었습니다. 거기에는 기독교 사회봉사국이 무엇을 해야 하며 왜 해야 하는지에 대하여 명기되어 있습니다.

교회의 사회복지에의 참여권은 '들을 수 없는 사람들을 위해 우리가 대변하고' 가난하고 소외받은 사람들을 지원하는 것입니다. 인간의 존엄성을 보장할 수 있는 입법과 균등한 기회의 사회를 위해 개입합니다. 디아코니아 사역의 목표는 모든 사람이 사회 공동체의 삶에 참여하는 것입니다.

소외되고, 가난하고, 취약한 사람의 사회 통합은 '교회와 디아코니아 사역의 중요한 과제입니다.

따라서 주 교회의 기독교 사회봉사국은 이러한 기본적인 이념을 그들의 헌장에 명기화하였습니다. 저는 남서 독일 뷔르템베르크 기독교 사회봉사국에서 왔습니다.

뷔르템베르크 기독교 사회봉사국의 헌장에는 '디아코니아의 과제는 정의로운 사회 연대의 형성'이라고 쓰여 있습니다.

사회적 필요로 하는 사람들은 법적으로 지원받을 권리를 가진다. 디아코니아는 사람들의 생활 조건을 개선하고 사회적 배제를 방지하기 위해, 스스로가 스스로를 돕기 위한 삶의 여건을 개선하기 위해 국가의 사회단체의 정의롭고 중요한 파트너이며 동시에 비판자라고 우리는 스스로 이해하고 있습니다. 이것은 여기서 디아코니아 봉사국의 회원이 도움을 필요로 하는 사람들을 옹호하고 지원하는 것을 의미합니다. 사회 정책적인 도움을 필요로 하는 사람들을 옹호하고 지원하는 것을 의미합니다. 사회정책적인 갈등에서 그들은 분명 가난하고 소외된 사람들의 편에 서 있습니다.

디아코니아 사역은 교회에서의 그리스도인의 협조로 이루어집니다. 사람들은 왜 다른 사람들이 고통을 받고 어떻게 그들을 도와야 하는지에 대해서 알아야만 합니다.

이러한 알고자 하는 마음이 디아코니아적인 인식에 속합니다. 디아코니아는 교회의 위임을 받아 말씀과 행동으로 모든 사람들에게 하나님의 사랑을 증거합니다. 디아코니아 없는 교회는 생각할 수가 없습니다. 그리스도 자신이 십자가에 달리실 때까지 헌신하고 섬기셨습니다.

개 교회에서의 디아코니아 사역을 촉진하는 것은 당회 및 장로회입니다. 이 과제는 현재 기본적으로 두 가지 방법에 의하여 수행하고 있습니다. 디아코니아 봉사에 대한 성경적 근거는 예배 및 교회 사역을 통하여 중재됩니다. 이러한 기반을 중심으로 실제적인 사역은 그의 긴급성에 의하여 결정됩니다. 개 교회가 활동할 수 있도록 기독교 봉사국은 도움을 줍니다. 물론 개 교회 스스로도 이니셔티브를 개발할 수 있습니다.

여기에 대해서 뷰르템베엌의 사례를 들어 말씀드리겠습니다.

독일에서 가장 큰 사회 문제는 현재 가난의 극복입니다. 독일 교회의 총회는 "부와 빈곤의 격차가 전 세계적으로 점점 더 분명하여 지고, 이것이 사회 불안으로 연결되는 것을 우려하였습니다. 글로벌 차원에서만이 아니라 역시 독일에서도 빈부 격차는 더욱 커지고 있는데, 이것이 사회적 평화를 위협하기 때문에 사회적인 액션을 취하여야 한다고 독일 교회는 강조하였습니다.[1]

따라서 빈곤과 부가 우리 사회 문제의 주제가 되어야 합니다. 독일 개신교 총회는 개 교회가 가난한 사람들에게 관심을 갖고 이 문제에 대해서 정보를 수집하길 요청하였습니다. 이를 통하여 가난한 사람들에 대한 차별에 대처하고 그들의 권리 실현을 위해 지원할 수가 있습니다. 가난한 사람들은 가난을 부끄러워하기 때문에 많은 사람들이 이것을 숨기려고 시도

---

1) "부는 적당해야 하고 가난은 한계가 있어야 한다." 2010.7.16. 뷔르템베르크 주 교회의 결정

합니다.

따라서 교회는 그들의 문제를 인식하고 그들과 연대해야 합니다. '예수 그리스도의 교회는 가난한 사람들이 그곳에서 당연히 자신의 자리를 차지할 수 있어야만 합니다.'

뷔르템베르크의 기독교 봉사국은 총회의 권유를 수용하였습니다. 그리고 디아코니아 봉사국 산하 관련 전문 부서에서는 전단지를 개발하였습니다.

이 전단지로 교회 소속 주민들에게 기본적인 정보를 제공하였습니다. 그 전단지의 제목은 '빈곤을 극복하고 일정 부분을 나누어 갖도록 허용합시다.'입니다. 수백만 장의 전단지를 주 교회 산하 전 지역에 배포하였습니다.

주 교회 감독이며 기독교 사회봉사국 총재는 전단지의 서문에서 이 전단지는 빈곤과 풍요에 대한 정보를 제공하고 가난한 사람들이 부의 일정 부분을 나누어 가질 수 있도록 길을 열어, 정의로운 사회를 구현하도록 교회와 교회 기관을 지원하려는 목적이 있다고 언급하였습니다.

그리스도인으로서 우리는 예수님의 본을 받아야 합니다. 그는 특별한 방법으로 가난하고 소외된 사람들을 찾았고 공개적으로 그들의 편을 들었습니다. 이것은 오늘도 중요합니다. 우리는 가난한 사람들의 편에 서야 하며, 그들의 권리를 위해 일해야 하며, 그들을 의심과 편견에서 보호해야 합니다.

일정 부분을 갖도록 허용한다는 개념은 인간 누구나가 사회적, 문화적 그리고 정치적 혜택을 누리는 것을 말합니다. 누구나가 다 사회의 구성원인 것입니다.

전단지는 잘 디자인되었으며 따라서 읽기 쉽게 편집되어 있습니다. 여기에는 가난의 개념을 설명하고 있는데 흔히 혼자 사는 사람들이나 젊은 부부들이 여기에 해당됩니다. 국민 평균 수입의 60% 이하의 소득이 장기간 지속될 경우, 이들을 빈곤 계층이라고 말할 수 있습니다. 빈곤 계층에 대한 국가 차원의 지원은 충분치가 않습니다. 전단지와 연관된 설명서에는 이에 관한 이유를 밝혔습니다. 연방 헌법재판소의 판결에 의하면 인간다운 최소한의 생활을 영위할 수 있도록 지원되어야 하는 것이 헌법에 명기되어 있는데 여기에 대한 지원은 사회적, 문화적 그리고 정치적 영역에서의 참여가 포함됩니다. 현재 제공하고 있는 공적부조는 이의 기준에 못 미치는 너무 적은 금액이라는 것입니다.

특히 문제라고 말할 수 있는 것은 독일에서 많은 사람들이 일을 하고 있음에도 불구하고 가난하다는 것입니다. 그들은 너무 적은 수입원을 갖기 때문에 공적부조의 지원을 받아야 합니다. 많은 수의 저임금 근로자가 그들의 사회복지 수급권을 이용하지 않고 있습니다. 많은 사람들이 공적부조를 신청하지 않는다는 것입니다.

빈곤과 부의 격차는 독일에서 점점 더 커지고 있습니다. 부자는 더 부자가 되고 가난한 사람은 더 가난해집니다. 국민 세후 총 재산 60%를 인구의 10%를 차지하는 부자가 소유하고 있으며, 인구의 30%는 재산이 없고, 인구의 10%에 해당하는 저소득층은 대부분 빚을 지고 있습니다.

이 전단지는 입법자에 대한 사회 정책적인 요청을 포함시켰습니다. 또한 교회와 교회 기관에 대한 요청을 포함시켰습니다.

디아코니아는 입법자에게 공정한 조세 시스템을 마련하는 것을 요청하였습니다. 최소 임금제를 도입하고, 일자리를 공적으로 창출하며, 근로자들이 공적 보험에 가입하여야 한다는 것도, 필요성도 제기하였습니다.

디아코니아는 교회와 기관들에게 가난과 부에 대한 주제에 대하여 논의하기를 권고하였습니다. 교인들에게 사회에서 배제된 사람들의 생활상을 소개하고 그들이 이들을 위해 옹호자의 역할을 하도록 협조를 구하였습니다. 만남의 장소를 마련하고 가난한 사람들을 초청하는 등 이들의 삶의 개선을 위해 노력하기로 디아코니아는 교회에게 요청하였습니다.

지금까지 독일 디아코니아의 한 실천 사례를 소개드렸습니다. 이 전단지를 통해서 사회의 현실을 가난한 사람들의 시각에서 살펴볼 수 있도록 교인들에게 권면하였습니다.

믿음을 실천으로 옮기기 위한 많은 프로그램을 여러 지역에서 개발하였습니다. 가난한 사람들에게 그들이 일정 부분 참여하는 것을 가능케 하였습니다. 그들은 사회의 구성원이고 이를 경험해야 합니다. '궁핍한 사람을 불쌍히 여기는 자는 주를 공경하는 자니라.'(14장 31절)라고 솔로몬의 잠언에 쓰여 있습니다.

가난한 사람과의 화해의 만남, 가난한 사람들과의 연대는 하나님과의 만남의 장소가 된다고 교회는 말합니다.[2]

---

2) 연대와 정의를 위하여, 독일의 경제 및 사회 문제에 대한 독일 개신교 교회 회의의 선언 1997.S.44(1050)

◎ 발표자: 안토니아 폰 보세
튜빙엔 대학병원 목회상담자, 목사

◎ 헨리 폰 보세
전 뷔르템베르크 기독교봉사국 공동대표,
현재 독일 동아시아선교국 공동대표,
한일장신대 객원교수,
독일 교회자문과(Kirchenrat), 목사
henry.vonbose@t-online.de

◎ 번역자: 김덕환
한일장신대 디아코니아 연구소장 역임,
독일 막스프랑크 사회법연구소 연구원으로
2011.10.23 출국 - 2012.3.1. 귀국
kdeokhwan@gmail.com

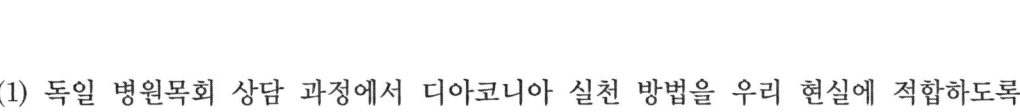

토의과제

(1) 독일 병원목회 상담 과정에서 디아코니아 실천 방법을 우리 현실에 적합하도록 응용해 보자.

(2) 노인 요양병원 전문병원이나 전문요양 서비스를 받는 어르신들에게 목회상담자가 준비해야 할 신학적 논리는 무엇인지 논의해 보자.

(3) 독일교회의 디아코니아 실천이 지역사회 선교와 병원목회 상담에 어떻게 응용할 것인가에 대하여 논의해 보자.

공저자 소개

- **구종회**
  상담심리학 박사
  동방문화대학원대학교 석좌교수

- **정희수**
  종교철학 박사
  미국 UMC Bishop

- **김준경**
  사회사업학 박사
  남서울대학교 교수

- **방영숙**
  평생교육학 박사
  CES창조역량연구소 소장

- **이광재**
  사회복지학 석사
  가톨릭대학교 겸임교수

- **본-보세**
  독일개신교 목사
  독일 디아코니아 재단 공동대표

병원목회상담학

<정가 27,500원>

2016년 03월 14일 인쇄
2016년 03월 18일 발행

지은이: 구종회·정희수·김준경·방영숙·이광재·본-보세 공저

펴낸이: 김 미 아

펴낸곳: 圖書出版 漢樹

출판등록: 제303-2003-000031호

주 소: 서울특별시 성동구 왕십리로 311-1

전 화: 02) 2281-8013

팩 스: 02) 2281-4102

"이 책의 내용을 무단으로 인용하거나 발췌를 금지하며, 내용의 전부 또는 일부 이용하려면 도서출판 한수의 서면동의를 받아야 합니다."

※ 파본 및 낙장본은 교환하여 드립니다.